사춘기 아들과의 일상 대화

언젠가 너도 이 시간을 기억하겠지

언젠가 너도 이 시간을 기억하겠지
사춘기 아들과의 일상 대화

초판 1쇄 발행 2025년 9월 24일

지은이 오수아, 최루비
펴낸이 장길수
펴낸곳 지식과감성#
출판등록 제2012-000081호

교정 이주연
디자인 김희영
편집 김희영
검수 정은솔, 이현
마케팅 김윤길

주소 서울시 금천구 벚꽃로298 대륭포스트타워6차 1212호
전화 070-4651-3730~4
팩스 070-4325-7006
이메일 ksbookup@naver.com
홈페이지 www.knsbookup.com

ISBN 979-11-392-2830-4(03590)
값 16,700원

- 이 책의 판권은 지은이에게 있습니다.
- 이 책 내용의 전부 또는 일부를 재사용하려면 반드시 지은이의 서면 동의를 받아야 합니다.
- 잘못된 책은 구입하신 곳에서 바꾸어 드립니다.

지식과감성#
홈페이지 바로가기

사춘기 아들과의 일상 대화

언젠가 너도
이 시간을 기억하겠지

오수아, 최루비 지음

훌륭한 가정만 한 학교가 없고,
덕이 있는 부모만 한 스승은 없다.

_마하트마 간디

프롤로그

"어우, 노을이 진짜 예쁘더라고! 그런데 사진에 다 안 담겨."
"아들~ 너의 멋짐도 사진에 다 안 담기더라!"

나는 엄마라는 역할이 정확히 어떤 것인지, 부모교육이라는 것이 무엇인지도 모른 채 결혼을 했다. 그리고 얼떨결에 엄마가 되고 부모가 되었다. 그러니 얼마나 많은 실수가 있었겠는가. 그런 내가 사춘기였던 아들과 이처럼 정겨우면서도 위트가 있는 대화를 나눌 수 있는 엄마로 성장했다. 이 성장의 비밀은 반은 필사, 반은 시치유 덕분임을 미리 밝혀둔다.

이 책은 사춘기라는 거대한 파도 속에서도 대립보다는 대화로, 갈등보다는 유머로 함께 헤엄쳐 온 아들과의 일상 대화이다. 흔히 사춘기라 하면 부모와 자녀 간의 첨예한 대립과 갈등을 떠올리지만, 우리의 일상은 의외로 평화로웠다. 물론 그 평화 속에도 소소한 전투 같은 대화들이 있었고, 예측할 수 없는 순간들이 많았다.

아들이 '썸'을 타고, 시험을 망치고, 때로는 예쁜 하늘을 보며 감성에 젖는 순간들 속에서, 우리는 서로를 이해하고 사랑하는 법을 조금씩 배워갔다.

이 책을 읽는 동안 독자들은 "어머, 우리 애도 저랬는데!" 하며 반가울 수도, "이렇게도 사춘기를 보낼 수 있구나." 하며 새로운 희망을 발견할지도 모르겠다. 때로는 같은 경험에 미소를 짓고, 때로는 고개를 끄덕이며 공감하리라. 반대의 경우도 물론 있을 것이다. 단언컨대, 어떤 경우든 부모에게는, 특히 주양육자인 엄마에게는 너무나 소중한 시간들임을 잘 안다. 심장이 새카맣게 타버려 한 줌의 재가 되었을지라도 말이다.

나이가 좀 들어 아이를 낳아 그런지 정말 잘 키우고 싶었고, 괜찮은 엄마가 되고 싶었다. 그래서 태교일기부터 꼼꼼하게 기록을 했고, 무엇보다 책을 좋아하는 아이로 키우고 싶은 욕심이 컸다. 친정 아버지를 떠올리면 가장 먼저 신문과 옥편이 떠오른다. 나도 아이에게 그런 부모가 되고 싶었다.

나는 글쓰기를 좋아하는 사람이다. 그러다보니 아들이 문자에 눈을 뜨기 전부터 편지로 마음을 전하는 일이 많았으며, 아이에 대한 사랑을 늘 언어로 전달하고 글자의 힘을 빌어 기록하는 것으로 전했다. 시간이 흘러 일방통행이 아닌 주고받는 관계로 발전이 되었고, 지금도 그러하다.

 아들과의 일상은 여전히 기록 중이고, 이 책은 아들이 중학생이었던 3년간 서로 주고받은 밥상머리 대화와 편지 중 일부분이다. 지극히 평범한 에피소드지만 작은 위로와 웃음을 얻어 가시면 참 좋겠다.

 사춘기라고 꼭 모자지간이 싸우며 힘들어야 공감하는 것은 아니라며, 그리 내세울 것도 없는 사춘기 아들과의 기록을 출간하는 데 용기를 주신 김의숙 강원대학교 명예교수님께 감사함을 전합니다. 바쁜 병원 업무 중에서도 우리 모자의 대화와 편지를 꼼꼼히 읽고 심리학적 분석을 해주신, 정신건강임상심리사 최루비 선생님께도 감사를 전합니다. 마지막으로 글도 모르던 세 살부터 책을 좋아하고 도서관을 놀이터로 알았던 아들, 부족한 엄마를 세상에서 가장 자랑스러운 엄마로 여기는 아들에게 감사함을 전한다. 나는 '윤민근'의 엄마라서 넘치게 행복하다.

2025년 3월, 경북 예천군에서 오수아

목차

프롤로그 ·· 6

Part 1
영어가 왜 이래? ·· 16
엄마, 썸 타는 여자애 생겼어! 1 ······································ 20
엄마, 썸 타는 여자애 생겼어! 2 ······································ 22
엄마, 썸 타는 여자애 생겼어! 3 ······································ 24
엄마, 썸 타는 여자애 생겼어! 4 ······································ 26
엄마, 썸 타는 여자애 생겼어! 5 ······································ 28
나, 고백했어! ·· 34
아들의 꿈 너머 꿈 1 ·· 40

Part 2
유행 따라 하기 ··· 46
나도 살 빠지면 박보검이야! ·· 49
아들의 섬세함 ··· 54
아침잠 ··· 58
결과보다 과정 ··· 63
엄마 손맛, 집밥 ·· 67
깨물어 주고 싶어! ··· 72
아들의 꿈 너머 꿈 2 ·· 75

Part 3

엄마 닮아 문과인 게 확실해! ··· 82
아침 준비가 힘드네 ·· 88
2박 3일, 독서 캠프! ··· 91
북극성을 띄운 아들의 캠프 ·· 97
엄마, 혼자 외롭지 않아? ··· 100
아들표 카레 ·· 104
오케스트라 연주회 및 수료식 ·· 109
라벤더 향기 ·· 113

Part 4

심리학으로 성장하는 엄마 ·· 118
읽기와 필사, 그리고 음악 ·· 122
링컨학교 비전캠프 ·· 127
두 번의 생일 축하 ·· 132
아들과 산에 오르는 이유 ·· 135
엄마에게 새끼는 뭘까? ··· 139
제대로 공부하는 방법 ··· 143

Part 5

너의 멋짐도 사진에 다 안 담겨 ·················· 150
내가 알아서 할게! ······································· 154
한 학기 동안 고생했어! ······························· 159
아들의 서울 나들이 ····································· 165
가끔은 잠시 헤어짐이 필요하다 ··················· 169
아들의 현실적인 질문 ································· 173
눈 딱 감고 ·· 177
네 행복이 우선이야 ···································· 181

Part 6

또래 역사 특강 ·· 186
아들의 메모 ·· 190
너에게 물어봐 ··· 194
중3 아들의 고민 ·· 198
인생의 비축물 ··· 203
건강, 그거면 충분해! ·································· 208
독립의 첫걸음을 떼는 아들, 민근이에게! ······ 211

에필로그 ··· 214

Part 1

- ▶ 영어가 왜 이래?
- ▶ 엄마, 썸 타는 여자애 생겼어! 1
- ▶ 엄마, 썸 타는 여자애 생겼어! 2
- ▶ 엄마, 썸 타는 여자애 생겼어! 3
- ▶ 엄마, 썸 타는 여자애 생겼어! 4
- ▶ 엄마, 썸 타는 여자애 생겼어! 5
- ▶ 나, 고백했어!
- ▶ 아들의 꿈 너머 꿈 1

영어가 왜 이래?

"엄마, 영어 단어 테스트 있어! 오늘만 식탁 차리기 봐 줘~"
"미안~ 그건 네 사정이고, 아침상 차리기는 또 다른 문제지! 언능 수저 놓고 준비하시지."

한숨을 쉬며, 25개의 단어가 줄지어 있는 A4 용지를 들고 주방으로 오는 아들이 묻는다.

"엄마, 단어들이 너무 어려워! 그런데 'leftover'가 남은 음식이야?"
"맞아, 식사 후에 남은 음식을 뜻해."
"뭔 단어가 이래? 이해를 못하겠어."
"그치? 이상하지? 쉽게 암기하는 법 알려줄게. game over가 뭐야? 게임이 끝났다는 소리지?"
"응!"
"그리고 오른팔이 더 중요해? 왼팔이 더 중요해?"
"오른팔이 더 중요하다고 보통 말하지."
"그러니까, over는 이미 다 먹었다, 그래서 왼쪽(left), 2인자 자리로 밀려났다. 어때?"

"오~ 쉽고 재밌는데?"

"left는 '남기다'라는 뜻이고, over는 '~을 넘어서'라는 뜻이야. 둘이 합쳐져서 '많이 먹어서 남겨진 것'이라는 느낌이거든."

"오~ 이제 이해됐다!"

"그런데 '음식을 시켜 먹다, 배달시키다' 이런 뜻도 있어."

"뭐? 도대체 영어는 왜 이래, 엄마?"

"영어도 사춘기인가 보지 뭐!"

💡 임상심리사의 분석

이 짧은 대화 속에는 건강한 애착, 유머를 통한 교육, 정서적 안정감이 자연스럽게 녹아 있다. 아들은 어려운 단어를 만나자마자 곧장 '엄마'를 찾는다. 아들이 평소에도 엄마를 정서적 지지자이자 문제 해결자로 신뢰하고 있음을 보여주는 것이다.

볼비의 애착이론에서 말하는 '안전기반' 역할을 엄마가 충실히 수행하고 있다는 증거다. 엄마는 단어의 뜻을 단순 암기가 아닌 스토리텔링과 비교, 유머로 설명한다. 이는 비고츠키의 '근접발달영역' 개념에 부합한다. 아이가 혼자 해결하기 어려운 개념을, 엄마가 유머와 비유를 통해 이해 가능하게 만들어주는 장면이다. 이런 방식은 아이의 인지적 호기심과 언어적 상상력을 자극한다.

"영어도 사춘기인가 보지 뭐!"

이 말은 엄마의 유머 감각과 정서 조절 능력을 보여준다. 불평하거나 타박하지 않고, 아이의 감정을 받아주며 웃음으로 전환한다. 이런 상호작용은 낙관성, 유연한 사고, 회복탄력성을 기르는 데 도움이 된다. 아들은 단어가 어렵다고 불평을 하고, 엄마는 그것을 "그치? 이상하지?" 하며 공감으로 응답한다. 아이의 감정을 억누르지 않고 표현하게 해주는 화기애애한 분위기 조성이다. 이러한 관계는 자녀의 감정 조절력, 자기이해 능력, 표현 능력을 크게 향상시킨다.

이 에피소드는 단순한 일상의 한 장면이 아니라, 엄마와 아들이 지적으로 연결되고, 정서적으로 교감하며, 유머로 함께 웃는 장면이다. 이런 순간들이 쌓이면 아이는 '나는 이해받을 수 있고, 질문해도 괜찮은 존재야'라는 긍정적 자아개념을 형성하게 된다.

엄마, 썸 타는 여자애 생겼어! 1

"엄마, 나 5학년 때 역사체험 했었잖아. 그때 친구 중에 진아라는 여자애 기억나?"

"글쎄?"

"그럼 아영이는 기억나?"

"기억나지. 걔 엄마랑은 차도 마시고 했으니까."

"아영이랑 같이 절친이었던 애가 진아야."

"아~ 마르고 키 작고?"

"맞아, 엄마. 걔가 어제 나한테 '보고 싶다'라고 톡을 보냈어."

"당연히 보고 싶겠지. 요롷게 훈남에다 든든하기까지 하니 누가 안 보고 싶겠어?"

"내가 쫌 괜찮긴 하지?"

"이놈아, 엄마가 1절을 하면 너는 쫌!"

"알았어, 알았어. 어쨌든 걔랑 나랑 지금 썸 타는 것 같아."

"어쩐지 요즘 기분 좋아 보이더라니! 정신 줄 잡아라 이놈아! 기말이 코앞이여!"

"에이~ 엄마, 당연히 열심히 하고 있지."

"암튼 어제 얘기한 거 해마에 새기고, 기말 끝날 때까지 너 자신과 약속이다 생각하고 잘해 봐."

"ok, 엄마!"

엄마, 썸 타는 여자애 생겼어! 2

중학생이 되어 처음으로 학교 전체가 체육대회를 하는 날이다. 의상은, '군인 컨셉!'

친구들과 한 달 전부터 복닥거리며 실랑이를 하더니, 마지막으로 선택된 것이 하필 군복이었다. 군인 아내로 20여 년 가까이 1년마다 보따리를 싸고 풀고, 떠돌이 생활에 지친 나와 달리 아들이라 그런지 세상천지 최고로 멋진 사람은 '아빠'인 녀석이다. 장래희망 2순위도 '군인'이다. 그런 녀석이 군복 컨셉을 하고, 설레서 잠도 푹 못 잤다면서 실실 웃는 얼굴로 주방으로 왔다.

"엄마, 며칠 전에 얘기했던 진아 있지. 걔가 어제 나한테 뭐라고 톡을 보낸 줄 알아?"
"또 보고 싶다고 보냈어?"
"아니, 자기 머리 스타일을 어떻게 하면 좋겠냐고 물어봤어."
"너한테 예쁘게 보이고 싶은가 보다."
"그런 거 맞지? 날 좋아하는 거 맞지, 엄마?"
"맞지 그럼! 다른 건 눈치 백단인 녀석이. 그래서 뭐라 답했어?"

"아니, 대답 안 했더니 자기가 또, 묶는 게 이쁘냐, 푸는 게 이쁘냐, 핀을 꽂는 게 이쁘냐 이렇게 묻는 거야."
"ㅎㅎㅎ~"
"그래서 묶는 게 어울릴 것 같다고 했어."
"으이그~ 다 이쁘다고 했어야지!"
"나는 단정한 게 좋은데?"
"너는 진아가 그렇게 좋은 건 아닌가 보네."
"왜?"
"좋아 봐. 머리끝에서 발끝까지 뭘 해도 다 이쁘게 보이지! 귀신처럼 머리 풀어 헤쳐도, 몇 날 며칠 안 감아서 떡 져도 이쁠걸?"
"그런가? 어쨌든, 걔가 오늘 자기 잘 보래. 머리 묶고 올 거라고."
"어지간히도 네가 좋은가 보다."
"이놈의 인기. 날 좋아하는 여자애들이 너무 많아."
"왜? 죄다 머리 묶고 온대?"
"아이~ 엄마~~"

엄마, 썸 타는 여자애 생겼어! 3

"엄마, 진아가 요즘 아침에 나 따라서 한대!"
"으응?"
"아침에 몇 시에 일어나고 뭘 하냐, 몇 시에 학교 가냐, 이런 걸 묻길래, 아침 일정을 얘기해 줬지. 그랬더니 요즘 걔도 7시에 일어나서 아침 공부를 한대."
"그래? 진아 아빠 배신감 느끼시겠다."
"왜?"
"너도 생각해 봐. 진아네 엄마, 아빠도 일찍 일어나라, 아침 공부해라 안 하셨겠어? 그런데 여태 말도 안 듣다가 좋아하는 남자애가 하니까 바로 바뀌잖아!"
"엄마, 내가 이 정도야! 내가 뭐 하면 여자애들이 다 따라 해."
"그래? 그런데 민근이가 아침에 뭔 공부를 하더라?"
"아이, 엄마. 몇 달 전까지 아침마다 원서 읽었고, 지금은 필사하고 읽고 하잖아."
"그래? 내가 보기엔 완전 사이비던데?"
"엄마~ 사이비~~"
"글찮어. 전파를 하려면 제대로 해야지. 사이비 종교도 아니고."

"아~ 엄마, 너무 웃겨!"

"뭐가 웃겨! 팩트구만! 하려면 제대로 하고 다른 친구들한테 얘기해 이 녀석아!"

"알았어, 엄마! 좀 찔리기는 하다. 엄마가 사이비라고 하니까 확 와닿아!"

"어제 교수님도 그러시더라. 크리스천 같은 크리스천이 아니라 진짜 크리스천이어야 한다고!"

"알았어, 엄마. 아침 공부 제대로 할게!"

"어여 밥 먹어. 꼭꼭 씹어서!"

"맛있다 엄마, 누구네 김치야?"

"오산 할머니 김치지!"

"엄마가 맛있게 볶아서 그런 거지?"

"김치볶음은 김치가 맛없으면 암만 잘 볶아도 맛없어. 할머니가 맛있게 담그신 거지."

"진짜 맛있어!"

"한 숟갈이라도 더 먹고 가. 점심때까지 배고파. 한창 먹을 때라."

엄마, 썸 타는 여자애 생겼어! 4

"엄마, 오늘은 엄마가 먼저 운동 나가. 나는 피아노 좀 치다가 25분에 나갈게."
"왜?"
"친구들이랑 25분에 만나기로 했어."
"아, 그랬어?"

아침 설거지가 마무리되면 운동을 나가는데, 녀석이 등교하는 시각과 비슷하여 의도치 않게 함께 나가는 날이 많아졌다. 그런데 오늘은 먼저 나가라더니, 금방 말이 바뀌었다.

"엄마, 나 나갈게."
"으잉? 15분인데?"
"진아가 지금 나온다고 톡이 왔어!"
"뭐라고? 그럼 친구들은?"
"나가서 진아랑 얘기하면서 기다리면 돼!"

현관 앞에서 거울을 보며 머리카락을 이리 뒤적 저리 뒤적이더니, '오늘 쫌 괜찮은데?'라며 혼잣말을 한다. 거울에게 씨익 웃어 보이기까지. 그 모습을 쳐다보는 나는 정말 아무런 감정이 없는데, 그저 사춘기려니 하고 있는데, 도둑이 제 발 저린다는 게 이런 건가?

"엄마, 사랑해~ 나는 엄마밖에 없어! 다녀올게~"

엄마, 썸 타는 여자애 생겼어! 5

"엄마, 진아가 어제 톡을 보냈어."

"안물안궁!"

"에이~ 엄마, 안 어울려! 이상해. 엄마는 쓰지 마."

"응! 너한테 배운 거야."

"알았어, 엄마. 이제 안 쓸게."

"뭐라고 보냈는데?"

"이상형이 뭐냐고."

"그래서?"

"일단 공부 잘해야 되고, 얼굴은 안 본다고 얘기했어."

"뭐가 이상한데? 얼굴 보던데?"

"ㅋㅋㅋ~ 아니야, 엄마!"

"그랬더니?"

"묻지도 않았는데 자기 이상형을 말해 주는 거야."

"너겠지 뭐."

"분노조절장애 안 되고, 키 커야 되고, 어깨 넓어야 되고, 공부는 자기보다 조금 못해야 되고, 악기 하나 정도는 할 줄 알아야 되고, 또 뭐라더라? 암튼 엄청 길어."

"딱 너네!"

"그래서 내가 '어? 난데?' 했더니, 맞대."

"공부 못하는 것도 인정?"

"아이~ 엄마, 걔보다 못하는 거지. 솔직히 나 정도면 좀 하잖아."

"좀 한다는 선이 어디야 대체?"

"아이, 엄마. 친아들한테 너무하는 거 아니야?"

"너무하는 게 아니고 솔직한 거지. 그리고! 친아들한테 솔직하면 되는 거지 남의 아들한테 어떻게 솔직하게 말하니?"

"그건 그러네."

"다른 친구 비교할 거 없어. 너 자신에게 맞춰. 네가 생각하는 선이 있잖아."

"당연히 있지!"

"생각만 하지 마시고요, 행동으로 옮기세요, 아저씨! 생각은 누구나 다~~ 합니다요!"

💡 임상심리사의 분석

썸 이야기 1은, 사춘기 아들의 '첫 감정'과 엄마의 '심리적 수용', '정체성 발달'과 '자기감정의 사회적 승인'을 보여주는 대화이다.

이 시기의 아이는 자기 내면에 생긴 특별한 감정을 누군가에게 말함으로써 인정받고 싶어 한다. 아들이 엄마에게 썸 이야기를 꺼내는 것은, 단순한 공유가 아니라 "내 감정이 진짜야?"라는 무의식적 확인 요청이다.

엄마는 유쾌한 반응으로 아들의 자아를 긍정적이고 안정적으로 반사해 준다.

"그럴 만하지, 훈남인데!"

이 말 한마디로 자기존중감이 부풀어 오른다.

썸 이야기 2는, '성 역할 탐색'과 '자기 이미지에 대한 확인 욕구'를 볼 수 있다. 이성 친구가 자신의 취향을 묻는 행위는 '내가 너에게 어떻게 보이고 싶은가'의 표현이다. 아들은 묻는 걸 통해, 자신이 누군가에게 영향을 미칠 수 있는 사람이라는 감각을 키워 간다.

엄마는 연애 코치가 아니라 심리 거울처럼, 묵직하게 받아주되 유머로 감정 과잉을 조절하고 있다.

"좋아 봐라, 떡 져도 이쁘지~"

엄마의 이 말은 유쾌한 풍자지만, 동시에 '넌 아직 감정의 진심을 배우는 중이야'라는 관계 현실성 안내이기도 하다.

썸 이야기 3은, '영향력에 대한 자각', '자기 효능감의 확장'을 보여준다. '내가 하는 행동이 다른 사람에게 영향을 준다'는 경험은, 청소년기의 핵심 성취감 중 하나이다. 이때 엄마는 감탄이나 칭찬보다, '그 영향력의 책임성'을 유머 섞어 강조하고 있다.

또한, "진짜 크리스천이어야 한다"라는 말로 가치 기반의 행동 선택을 은근히 지도하고 있다. 행동의 진정성을 심어주는 방식이다.

썸 이야기 4는, 사춘기의 대표적 특징인 '자기표현'과 '이미지 관리의 시작'을 볼 수 있다. 거울 앞에서 머리를 만지고 혼잣말을 하는 장면은, 자기 인식이 타인의 시선 안에서 구조화되는 사춘기 특징이다.

"오늘 좀 괜찮은데?"

거울 앞에서의 이 혼잣말은 자기 이미지에 대한 의식적 점검과 정서적으로 들뜬 마음을 읽을 수 있다. 아들이 엄마에게 "엄마 사랑해~" 하고 나가는 건, 죄책감이나 들뜬 감정을 안정시키려는 '애착 확인 행위'이다. 이러한 '사랑' 표현은, 자기조절이자 엄마에 대한 심리적 의존 신호로 보여진다.

썸 이야기 마지막은, '상호적 감정 탐색', '이상화와 현실의 조율'을 엿볼 수 있다. 이상형 대화는 감정이 확실히 쌍방으로 작동되고 있다는 신호이다.

"난데?" 하고 말할 수 있는 아들의 태도는 자신의 매력을 인식하고 있다는 자신감의 표현이며, 이는 매우 건강한 정신과 자기이해를 보여준다.

"친아들이니까 솔직하게 말해 줘야지."

엄마의 이 말은 웃으면서도, 자기 객관화의 기초를 살짝 건드려 주는 의미를 내포하고 있다. 청소년기는 자기 과잉과 자기비하 사이에서 흔들리는 시기라, 이런 균형 감각을 가진 피드백이 중요하다.

썸 이야기 다섯 편을 볼 때, 아들의 감정 공유는 정체성 발달의 신호이며, '내 감정을 말해도 안전하다'는 경험은 평생의 관계 태도를 결정한다. 엄마의 반응 방식인 유머, 수용, 그리고 가이드의 세 박자 감정은 사춘기의 특징을 수용하되, 중심은 아이에게 두는 방식으로 자율성과 책임을 함께 키워 준다.

관계적 정서 조절에서도 정서적 공감과 행동조절의 루틴은 유쾌한 반응 속에서도 공부 얘기, 자기관리 얘기가 자연스럽게 묻어나고 있다. 이는 전형적인 안정 애착의 예시다. 이처럼 사춘기에도 부모와 감정 공유를 할 수 있다는 것은, 애착관계가 잘 형성되어 있음을 보여준다.

엄마에게 '사랑'을 말할 수 있는 공간이 있다는 것 또한, 아이에게 '존재를 드러낼 수 있는 힘'을 주는 일이다. 이 시기의 이성 감정은 교육의 방해물이 아니라, 자아와 감정 성숙의 촉진제가 될 수 있다. 그러므로 부모는 정서적 코치로서, 공감과 유머를 오가며 적절한 거리를 유지할 때 자녀는 자율적으로 성장한다.

나, 고백했어!

"엄마, 지난주 수요일에 롯데월드 같이 간 친구 혜수 알지?"
"알지!"
"걔한테 고백했어."
"어머? 그럼 지난번 진아는?"
"걔는 너무 정신없어 가지고. 나는 조용한 애가 좋아."
"그렇구나. 조용한 게 편한가 보네. 그래서?"
"받아준대."
"어머나! 축하해!"
"그런데 전화로 얘기한 거니까, 제대로 고백할 테니 기다리라고 했어."
"우와~ 멋있다! 잘했어. 맞아, 전화로 할 얘기는 아니지."
"그리고 엄마, 나 롯데월드 갔을 때 진짜 행복했어. 다른 친구들도 그렇대."
"ㅎㅎ~ 엄청 좋았나 보네? 하긴 친구들과 뭘 해도 좋을 나이지."
"그래서 친구들이랑 겨울방학에 또 가기로 약속했어."
"그래그래. 또 다녀와. 친구들과 추억도 쌓이고 우정도 깊어 가고. 좋다!"

"다들 2학기 열심히 공부하고 기말고사도 잘 보자고 약속했어. 그래야 맘 편히 즐기지."

"맞아! 휴식도 내 자리에서 열심히 달렸을 때 더 달콤하지! 엄마는 실행을 좋아하는 거 알지?"

"당연하지, 엄마! 나 믿고 기다려 줘. 진짜 열심히 할게!"

아~ 진짜 이 말솜씨! 물에 빠지면 입만 동동 뜨는 거 아닌가 몰라!

"그런데 엄마, 오늘 같은 반 여자친구들과 야구장 가잖아. 괜찮을까?"

"어머, 그러네! 괜찮지 않을 것 같은데?"

"좀 걱정이야. 방학 전부터 가기로 약속했던 거라서 취소할 수도 없고."

"그러게. 그런 데다 같이 가기로 한 남자친구는 못 간다며 연락이 왔고."

"너무 오랜만에 야구장 가는 거라 많이 기다렸는데."

"그럼 혜수도 같이 가자고 해봐. 어차피 다들 아는 사이라며?"

"벌써 물어봤지. 혜수는 야구 안 좋아한대."

"에고. 우짠다니?"

"잘 얘기하고 야구장 가야지. 약속도 지켜야 하고, 티브이로 보는 것과 다르잖아."

"맞아. 생생함이 다르지. 그런데 진짜 혜수 좋아하는 거 맞아?"

"맞지 그럼! 왜?"

"진짜 좋아하면 요럴 때 약속이고 뭐고 혜수 생각만 하는 거 아냐?"

"에이~ 그거랑은 다르지. 걱정되는 건 사실이지만 약속은 약속이고 여친은 여친이고."

"요즘 애들은 우리 때랑 확실히 다르다. 그래, 가서 스트레스 쌓인 거 있음 다 풀고 와!"

"응, 엄마. 나는 야구장 생각하면 엄마랑 좋은 추억이 많아서 그냥 좋아!"

"ㅎㅎ~ 이제는 친구들과 좋은 추억 많이 쌓을 시간이네?"

💡 임상심리사의 분석

고백 이후 벌어지는 내면 갈등, 우정과 연애, 약속과 감정 사이에서 균형을 잡으려는 아들의 태도는 심리적 독립성과 도덕 발달의 멋진 예시라고 볼 수 있다.

"걔한테 고백했어."
"받아준대."
"전화로 얘기했으니까, 제대로 고백할 테니 기다리라고 했어."

사춘기 시기 이성 간의 고백은 정체성의 확인이라 할 수 있다. 이것이 자기표현, 자존감, 대인관계 능력의 발달로도 이어진다. 고백은 단순한 감정 전달이 아니라, 자기 내면을 타인에게 드러내는 심리적 자기표현이다.

전화가 아닌 직접 고백을 해야 한다고 말하는 부분은, 아들이 관계의 질을 고려하고 책임감을 느낀다는 증거며, 도덕적 판단력과 정서 지능이 성숙해져 가는 과정으로 해석할 수 있다.

"걱정되긴 하지만, 약속은 약속이고 여친은 여친이지."

아들의 이 말에서 감정과 약속 사이에서의 균형을 매우 건강하게 잡고 있음이 드러난다. 친구와의 약속을 저버리지 않으려는 태도는 사회 규범의 내면화를 보여주며, 정서 조절력까지 알 수 있다.

콜버그가 제시한 청소년기의 도덕 발달 이론으로 보면, 타인 지향성인 3단계에서 법과 질서 단계인 4단계로 넘어가고 있음을 알 수 있다. 동시에, 감정에 쏠리지 않고 상황을 구분해 판단하려는 모습은 정서 조절 능력의 성장 신호이다.

"엄마는 실행을 좋아하는 거 알지?"
"당연하지, 엄마! 나 믿고 기다려 줘."

이 부분은 모자간의 대화가 공감과 자율성의 균형이 잡혀 있음을 보여준다. 짧은 대화 속에 안정 애착, 심리적 독립성, 상호 존중이 들어 있다. 아들은 여전히 감정을 엄마와 공유하지만, 의사결정은 스스로 하려는 자율성을 드러내고 있다. 엄마는 아들의 선택을 조율하거나 통제하려 하지 않고, 신뢰와 존중을 바탕으로 대화하고 있다. 이는 '심리적 이중 애착' 상태로, 의존과 독립 사이의 건강한 밸런스를 보여주는 이상적인 대화 장면이다.

"롯데월드 갔을 때 진짜 행복했어."
"엄마랑 야구장 갔던 기억이 좋아서 야구장도 좋아."

아들의 이 말은, 감정회고와 긍정강화로 볼 수 있다. 자기감정의 회고, 긍정적 정서 기억의 축적이 고스란히 드러나는 말이다. 아이가 직접 행복했다고 말하는 것은, 자신의 감정을 인지하고 언어화할 수 있는 정서 지능이 높아졌다는 신호이다. 과거 엄마와의 추억을 현재의 감정에 연결하는 것은 긍정 정서 회로의 강화로, 이는 회복탄력성의 기반이 된다. 이러한 정서적 안정이 높아질수록 타인과의 관계도 더 깊어지고 유연해진다.

청소년기 연애는 학업 방해 요소가 아니라 자기감정의 훈련장이 될 수 있다. 감정과 책임 사이에서 갈등을 겪는 아이라면, 부모는 선택을 대신해 주지 않고 신뢰로 지켜봐 주는 자세가 필요하다.

아들의 꿈 너머 꿈 1

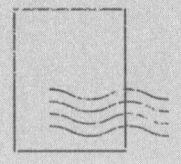

안녕하세요, 경기도 시흥시 ○○중학교에 재학 중인 ○학년 윤민근입니다.

여러분, 혹시 하루아침에 시력을 잃는다면 무슨 느낌일까요? 아마도 누구나 좌절하거나, 화가 나는 등 상상할 수 없을 정도로 힘들어질 것입니다. 그런데 이런 장애를 극복하고 판사까지 된 사람이 있습니다. 바로 현재 수원 지방법원에 계시는 김동현 판사님이십니다.

김동현 판사님은 과거 로스쿨에 다니실 때, 간단한 시력 관련 시술을 받다 의료사고로 인해 시력을 잃었습니다. 처음에는 당연히 좌절하고, 인생을 포기했습니다. 그런데 판사님의 어머니가 지푸라기라도 잡는 심정으로 절에 가서 삼천배를 하자고 했습니다. 삼천배란 부처님께 절을 삼천 번 하는 것으로 굉장히 힘들고 어마어마한 양이었습니다.

판사님은 실제로 하루 만에 삼천 번의 기도를 하고 바로 쓰러져 펑펑 울었다고 합니다. 이제까지 쌓인 감정들을 그때 모두 풀고, 다시 공부를 시작해 결국 지금은 판사가 되었습니다. 그리고 이 내용을 직접 쓴 책이 바로 《뭐든 해 봐요》라는 책입니다.

저는 이 책을 읽고 마음이 착잡했습니다. 왜냐하면 몸이 건강한 저보다 공부와 운동을 더 많이 하시니까요. 그래서 저도 더욱 열심히 살아야겠다 마음먹었습니다.

저의 꿈은 군인, 정확히 육군 장교입니다. 제가 군인을 한다 하면 주위 시선이 좋지 않습니다. '차라리 공무원을 해라, 군인은 다 무식하던데!' 저는 이런 편견을 깨고 싶습니다. 제가 군인이 된다면, 우리나라뿐만 아니라 세계 평화까지 지키는 꿈 너머 꿈이 있습니다. 김동현 판사님이 장애인들을 도운 것처럼 말입니다.
감사합니다.

_**독서캠프에서 발표한 아들의 꿈 너머 꿈**

💡 임상심리사의 분석

아들의 스피치에서 타인의 어려움을 통해 깊이 성찰하며, 자신의 꿈과 목표를 명확히 하는 성숙한 청소년의 모습이 보인다. 사회적 편견과 개인적 한계 앞에서도 긍정적인 태도를 잃지 않고, 가치 있는 목표를 향해 나아가고자 하는 점이 매우 인상적이다.

김동현 판사님의 이야기를 통해 '장애와 역경 극복' 사례에 깊은 감명을 받고, 자신의 삶과 비교하며 '마음이 착잡하다'고 표현한 점에서 높은 공감능력 또한 볼 수 있다. 이러한 타인의 어려움을 자신의 동기부여로 삼는 태도는 정서적 성숙과 성찰을 반영한다.

'더욱 열심히 살아야겠다'고 다짐하며 자신의 꿈인 '육군 장교'가 분명한 모습은 강한 자기효능감과 목표 지향성이 드러나는 부분이다. 어려움과 편견에도 불구하고 꿈을 포기하지 않고, 오히려 '편견을 깨고 싶다'고 하는 점에서는 자기주도성과 도전 정신을 볼 수 있다. '우리나라뿐만 아니라 세계 평화까지 지키는 꿈 너머 꿈'이라는 표현에서, 개인적 목표를 넘어 사회적·도덕적 책임감을 갖고 있음을 알 수 있다.

단순히 직업을 선택하는 것이 아니라, 그 직업을 통해 '도움이 되는 일'을 하고자 하는 내적 동기가 분명하며, 타인의 역경 극복 사례를 통해 '어려움도 극복할 수 있다'는 믿음을 갖고 있다.

Part 2

▶ 유행 따라 하기
▶ 나도 살 빠지면 박보검이야!
▶ 아들의 섬세함
▶ 아침잠
▶ 결과보다 과정
▶ 엄마 손맛, 집밥
▶ 깨물어 주고 싶어!
▶ 아들의 꿈 너머 꿈 2

유행 따라 하기

"엄마, 아무것도 없는 흰색 양말 좀 사 줘."
"옷장에 전부 흰색 양말이잖아."
"아니, 진짜 아무것도 없는 거 말이야. 발목에 색깔과 줄무늬도 없는 거."
"뭔 일이래? 사 주는 대로 신더니만. 제대로 사춘기구만!"
"요즘 흰색 양말이 유행이야, 엄마. 바짓단은 이렇게 접고."
"엄마 때는 티셔츠 단 접어 올리는 게 유행이었는데. 똑같구나!"
"엄마도 접어 다녔어?"
"그럼! 접었지!"
"나도 이렇게 접어 입어도 괜찮지?"
"괜찮지 그럼!"
"엄마, 흰색 양말 부탁해~"

거울 앞에 머무는 시간이 조금씩 길어지는 사춘기 아들의 이틀 전 주문이었다. 도착한 흰색 양말을 신고, 바짓단은 두어 번 접은 채 등교하는 녀석의 스타일에, 80년대나 지금이나 똑같구나 싶어 웃음이 났다.

💡 임상심리사의 분석

이 짧은 에피소드는 사춘기 자아정체성 발달의 본질을 아주 포근하고 따뜻하게 보여주는 장면이다. 흰 양말 하나에 담긴 감정, 말투, 거울 앞 머뭇거림, 그리고 '엄마와의 공감'이 더해져 미소가 절로 지어진다.

"요즘 흰색 양말이 유행이야, 엄마."

이것은 단순한 '스타일 변화'가 아니라 정체성을 찾아가는 심리 여정의 한 장면이다. 유행은 또래 집단 소속감을 위한 신호이며, 사회적 자아 발달이다. 사춘기의 아이들은 '나는 누구인가'를 또래와의 비교를 통해 찾는다. 그러므로 유행을 따르는 행동은 단순한 모방이 아니라, 또래 집단에 잘 속하고 싶은 마음, 인정받고 싶은 욕구의 표현이라 할 수 있다.

에릭슨의 심리사회 발달 이론에서 이 시기는 '정체성 대 역할 혼란' 단계이며, 이 단계는 소속감과 타인의 시선이 자아의 형성에 중요한 영향을 준다. 바짓단을 접는 행동은 외적 이미지와 자아 인식의 연결이다. 이러한 신체 이미지 수용, 외적 표현을 통해 정체성이 강화된다.

거울 앞에서 스스로의 '스타일'을 다듬는 모습은 몸에 대한 자의식이 생기고 있다는 징후이며, 자신을 '어떻게 보이게 할 것인가'를 고민하는 것은 곧, 사회 속의 나를 인식하고 있다는 뜻이다. 내적 자아와 외적 표현을 통합하는 심리 성장 과정 중임을 알 수 있다.

"엄마도 접어 다녔어?"
"그럼! 접었지!"
"나도 이렇게 접어 입어도 괜찮지?"
"괜찮지 그럼!"

엄마와의 이러한 공감은 세대를 잇는 감성의 끈이다. "엄마도 접어 다녔어?"라는 질문에는 단순한 궁금증이 아닌, '나의 변화와 취향을 받아줄 수 있느냐'는 확인 욕구가 담겨 있다. 이럴 때, "그럼! 접었지!"라며 반응하는 엄마로부터 아이는 자기표현에 대한 지지와 수용감을 느낀다.

이처럼 '세대의 유행'을 통해 공감대를 형성하는 경험은 세대 간 심리적 다리를 놓아주는 역할을 하며, 아이의 안정 애착을 더욱 견고히 해준다. 부모 눈에는 그저 양말, 바짓단일 수 있지만, 아이에겐 자기표현의 상징이기 때문이다.

나도 살 빠지면 박보검이야!

"엄마, 혜성이 형아 진짜 잘생겼어."
"그렇게 잘생겼어? 엄마야 조카니까 그렇다 치고! 너는 눈이 나빠 그런가?"
"ㅋㅋ~ 엄마, 그 드라마 생각나? 경찰대학 나왔었던."
"경찰대학 나오는 드라마가 한두 개도 아니고."
"음음음…. 아! 경찰 수업!"
"글쎄… 기억이 잘 안 나네."
"엄마랑 같이 봤잖아. 경찰 대학생 이야기!"
"그렇다 치고~"
"그걸 알아야 이해를 하지!"
"아니, 혜성이 얘기하다가 뜬금없이 경찰은 또 뭐냐고?"
"그니까 내가 하고 싶은 말은 그 드라마 주인공 닮았다고. 형아가."
"아~ 생각났어!"
"그치, 그치? 형아 살 좀 있었을 때는 그 정도 아니었는데, 살 빠지니까 진짜 잘생겼어."
"음… 그럼 너는 점점 더 못생겨지고 있다는?"
"엄마~ 나도 살 빠지면 박보검이야!"

"네네~ 어련하시겠어요~"
"아, 진짜 엄마! 친아들한테 너무하는 거 아냐?"
"뭐가요? 제가 뭐라 했나요? 저는 사실만 얘기합니다."
"알았어, 알았어! 나도 운동해서 살 뺄 거야!"
"그러시든가요~"
"그런데 엄마, 나는 살쪄도 이 정도면 잘생기지 않았어?"
"왜 그러세요? 우리 집에 거울이 없는 것도 아닌데?"
"응, 엄마~ 잘생겼다는 말을 꼭 그렇게 할 필요는 없어~"
"……."

💡 임상심리사의 분석

사춘기 아들과 엄마의 유머와 애정이 가득한 대화지만, 그 안에 자아존중감, 자기인식, 가족관계의 역동이 섬세하게 녹아 있다.

"나도 살 빠지면 박보검이야!"라는 표현은 외모에 대한 자기인식과 이상향을 엿볼 수 있다. 사춘기는 신체 변화가 두드러지는 시기라, 자기 몸에 대한 민감함과 불안감이 크다. '박보검'이라는 연예인의 이상적인 외모를 목표로 삼는 것은 자기 몸에 대한 바람과 기대, 그리고 사회문화적 미(美) 기준을 반영한 것이다. 하지만 이 말 속에는 유머와 자기 위로, 그리고 '그래도 나는 괜찮다'는 내재된 자기 수용도 함께 담겨 있다.

"엄마야 조카니까 그렇다 치고! 너는 눈이 나빠 그런가?"

엄마와 아들의 익살스러운 '외모 토크'가 애착을 강화하고, 긍정적 상호작용으로 이끈다. 엄마와 아들이 서로 장난을 주고받는 모습은 안정 애착 관계에서 나타나는 특징이다. 이 익살스러운 대화는 두 사람 사이에 긴장을 풀고, 친밀감을 높이며, 서로를 편안하게 만드는 정서적 안전망 역할을 한다. 부모가 아이의 '민감한 자기 이미지' 부분을 웃음으로 함께 나누는 건, 아이가 자신의 불안감을 완화하는 데 큰 도움을 준다.

"나도 운동해서 살 뺄 거야!"

자기수용과 변화 의지의 균형을 보여주는 이 표현은 자기효능감, 동기부여, 현실적 자기 인식이 들어 있다. 아들은 자신의 체형에 대해 어느 정도 불만을 느끼면서도, 변화 의지를 표현한다. 이는 자기 자신에 대한 '비판적 인식'과 동시에 '성장 가능성'에 대한 믿음이 공존한다는 뜻이다.

이러한 동기부여가 내적인지 외적인지 구분해 살피면, 건강한 자아 발달에 긍정적 방향으로 나아갈 수 있다.

"엄마~ 나도 살 빠지면 박보검이야!"
"네네~ 어련하시겠어요~"
"아, 진짜 엄마! 친아들한테 너무하는 거 아냐?"

가족 내 진실된 소통, 애착 안정감을 느낄 수 있다. 엄마가 솔직하면서도 유머러스하게 반응하는 것은, 아들이 '거짓된 칭찬'보다 진솔한 관계에서 더 안정감을 느끼기 때문이다. 이런 대화는 가족 구성원 모두가 자신의 모습을 숨기지 않고 받아들이며, 서로 성장하도록 돕는 심리적 안전지대를 만들어 준다.

"나는 살쪄도 이 정도면 잘생기지 않았어?"
"왜 그러세요? 우리 집에 거울이 없는 것도 아닌데?"

'내가 생각하는 나'와 '외부에서 보는 나'가 불일치할 때 혼란이나 자존감 저하가 올 수 있다. 아들은 아직 완벽한 자기수용 단계에 이르지 못했지만, 엄마와의 농담 섞인 소통을 통해 점차 자기 인식을 현실에 맞추고 다듬어 가는 중이다.

이 에피소드는 '자기 몸'과 '자기 사랑'에 관한 사춘기 청소년의 중요한 심리적 이야기를 아주 사랑스럽게 담았다. 엄마와 아들이 서로의 '민감한 부분'을 웃음으로 받아들이는 모습은, 앞으로 아이가 건강하게 성장할 수 있는 심리적 토양을 잘 다지는 일이다.

아들의 섬세함

"엄마, 뭐 해? 아직 공부 중이야?"

아들의 전화를 받고서야 밤 11시가 다 되었다는 사실을 알았다. 태권도 수련이 끝나는 시각이다.

"이제 그만하고 쉬어."
"알았어, 조심히 와~"

아파트 상가에 있는 태권도에 다니는지라 넉넉히 10분이면 올 텐데 늦는 걸 보니 친구들과 노닥거리나 보다 했다. 그런데 그게 아니었다.

"자, 선물이야!"
"어머~~"
"엄마가 좀 힘들어 보여서 샀어."
"비쌀 텐데! 용돈 혹 줄었겠다!"
"태권도 가는 길에 꽃 아저씨 오셨더라고. 끝나고 사야겠다 생각

했는데, 끝나고 나오니까 안 계셔. 그래서 2차 쪽 무인 판매기에서 사 오느라 좀 늦었어."

"에고, 거기까지 갔다 온 거야?"

"이뻐?"

"그럼! 누가 사준 건데! 세상에서 젤 예쁜 꽃다발이지!"

"기분 좋아?"

"당연하지!"

"엄마가 좋으면 됐어!"

"아웅, 내 속에서 나온 거 맞나 몰라!"

"엄마가 좋아하는 프리지아가 없어서 장미로 골랐어. 내가 좋아하는 안개꽃하고."

"잘했어. 잘했어! 고마워 정말!"

💡 임상심리사의 분석

사춘기 아들의 정서적 민감성과 공감 능력이 돋보이는 대화이다.

"엄마가 좀 힘들어 보여서 샀어."

사춘기 아들이 부모의 감정 상태를 세심하게 관찰하고 그에 반응하는 모습은, 감정 인식과 공감 능력이 발달하고 있음을 의미한다. 이 시기는 신체적, 정서적 변화가 크지만, 동시에 타인의 감정을 민감하게 포착하는 시기이기도 하다. 아들은 엄마가 '힘들어 보인다'는 신호를 읽고, 직접적인 말 대신 선물이라는 행동으로 위로와 지지를 표현하고 있다.

"태권도 가는 길에 꽃 아저씨 오셨더라고. 2차 쪽 무인 판매기에서 사 오느라 좀 늦었어."

아들은 '꽃 아저씨가 없어진 상황'을 대처하여 무인 판매기에서 꽃을 사오는 행동으로 해결책을 찾았다. 이는 자율성과 책임감이 성장하고 있음을 보여준다. 스스로 생각하고 행동하는 과정에서 '늦음'이라는 결과가 있었지만, 배려를 우선시하는 선택인 것이다.

"엄마가 좋아하면 됐어!"
"아웅, 내 속에서 나온 거 맞나 몰라!"

엄마와 아들이 서로의 사랑과 노력을 인정하고 칭찬하는 대화는, 안정적인 애착관계의 중요한 표시이다. 꽃이라는 '선물'은 말보다 강한 비언어적 메시지이다. 아이는 직접 말로 위로하기보다, 행동으로 애정을 표현하는 '사랑의 언어'를 선택했다. 이는 부모와 자녀 간 관계 강화와 정서적 친밀감 증진에 큰 역할을 한다.

아침잠

아침 루틴을 마무리하고, 식사 준비를 위해 연구실에서 거실로 이동을 했다. 이 시간이면 녀석의 샤워하는 소리가 들려야 하는데, 조용하다. 이상하다 싶어 녀석의 방문을 조심스럽게 열어보니 떡실신이다.

"뭐야, 윤민근? 아직도 자는 거야?"
"으… 엄마, 30분에 일어날게."

바로 나왔다. 나의 감정이 기울어짐을 느꼈기 때문이다. 종종 있는 일이건만 그날 내 기분에 따라 날씨처럼 감정이 바뀐다. 다른 날 같았으면, '오냐, 오냐' 했을 일이다.

아침 식사를 하면서 한 소리 했다.
"민근아, 엄마 기억에 며칠 전에도 30분에 일어났어."
"그랬나?"
"외할머니 집을 가려고 고속도로를 이용할 때, 휴게소마다 다 멈추고 쉬면 할머니 댁에 언제 도착해?"
"……."

"휴식도 열심히 달린 후에 갖는 거야."

"……."

"매주 토요일과 일요일 아침에는 9시까지 늦잠 자잖아. 그러니까 평일에는 제시간에 일어났으면 좋겠어."

"응, 엄마. 알겠어. 요즘 태권도 대회 준비한다고 관장님께 특훈 중이라 너무 피곤했나 봐."

"알지, 왜 몰라. 더구나 한창 잠이 많을 시기인 것도 알지. 그래도 뭐든 습관 들이기 나름이잖아."

"응, 엄마. 그런데 운동 벌써 다녀왔어?"

"이제 볕이 뜨거우니까 시간 조정했어."

"피곤해서 못 일어나면 엄마가 발바닥 주물러 주면서 깨워 주는데 이상하다 했어."

"미워서 그랬어. 이 녀석아!"

"히히~ 오늘은 좀 허전했어!"

"발이 얼마나 큰지 이제 엄마 손이 아퍼!"

"사랑해 엄마~"

"언넝 밥이나 먹어 이놈아!"

"응! 엄마도 맛있게 먹어~"

💡 임상심리사의 분석

흔히 겪을 수 있는 모자의 일상이다. 특히 사춘기 자녀와 부모가 겪는 아침 시간의 심리적 역동과 정서 교류가 잘 드러나 있다.

"아직도 자는 거야?"
"으… 엄마, 30분에 일어날게."

사춘기 청소년은 생체 리듬 변화로 늦잠을 자는 경향이 강하다. 특히 운동이나 학업 등 과도한 피로가 누적되면, 아침에 일어나기 더욱 힘들어지며 이는 정상적인 발달 과정의 일부이다. 아들은 피곤함과 본인의 의지를 조율하며 '조금만 더 자겠다'고 말함으로써, 심리적 저항과 신체적 한계를 동시에 표현한다.

"나의 감정이 기울어짐을 느꼈다."
"다른 날 같았으면, '오냐, 오냐' 했을 일."

부모인 '나'의 감정 상태가 아들의 행동에 즉각적인 반응으로 드러나며, 하루의 기분이 달라짐을 스스로 인식하고 있는 엄마. 부모의 기대와 감정 반응은 아이의 행동에 영향을 주는 중요한 요소라는 걸 아시는 걸까? 엄마가 의도적으로 기대와 감정을 조절하려는 모습이 보인다. 이처럼 부모가 자신의 감정을 돌아보고 조절하는 태도는 자녀와의 긍정적 관계 유지에 필수적이다.

"휴식도 열심히 달린 후에 갖는 거야."
"요즘 태권도 대회 준비한다고 너무 피곤했나 봐."

엄마는 아들에게 규칙과 원리를 설명하며 '휴식과 노력의 균형'을 교육적으로 전달한다. 동시에 아들의 피곤한 상황을 이해하고 공감하며, 지나치게 엄격하거나 강압적이지 않은 대화를 시도한다. 이 균형 잡힌 소통은 청소년기의 반항적 태도나 불필요한 갈등을 줄이는 데 도움을 준다.

"피곤해서 못 일어나면 엄마가 발바닥 주물러 주면서 깨워 주는데 이상하다 했어."
"미워서 그랬어. 이 녀석아!"

엄마가 아이를 깨울 때 신체 접촉을 사용하는 것은 정서적 안정감을 주는 효과적인 방법이다. 터치와 같은 비언어적 애정 표현은 사춘기 자녀에게도 중요한 심리적 지지로 작용하며, '미워서 그랬어'라는 농담 섞인 표현으로 친밀함과 유대감을 강화하고 있다.

"사랑해 엄마~"

"언넝 밥이나 먹어 이놈아!"

 서로 '사랑해'라는 말을 주고받으며 하루를 시작하는 것은 안정된 애착관계를 반영한다. 특히 대화의 따뜻한 마무리는 가족 구성원 모두에게 심리적 안정과 정서적 지지를 준다. 이 에피소드는 사춘기 자녀의 생리적 특성과 심리적 요구, 그리고 부모의 따뜻한 이해와 조절이 어떻게 조화를 이루는지를 잘 보여주고 있다. 엄마의 감정 기복에 따른 반응 변화까지 솔직하게 드러나는 현실적이고 진솔한 가족의 모습이다.

결과보다 과정

"엄마, 선생님 덕분에 수행 PPT 마무리하고 발표까지 했어."
"아이고, 고생했네. 잘했어, 잘했어!"
"선생님이 태블릿을 빌려주셨어."
"아이고~ 감사해라!"

준비물이든 뭐든 잘 챙기는 녀석인데 요즘 어디다 정신을 팔았는지, 어제 수행 발표할 PPT를 집 컴퓨터에다 저장해 둔 채 등교를 했고, 담당 과목 선생님의 도움으로 무사히 발표를 했다며 아침을 먹는 내내 떠들어 댄다.

"그리고 담임선생님이 기말에 너무 스트레스 받지 말라고 하셨어. 이게 뭐라고 그렇게 예민하게 구냐면서 편하게 보래. 시험 때 쓰러지는 애들도 있대! 우리는 그러지 말래. 그래서 나도 마음 편하게 보려고."
"그래, 쓰러질 정도로 스트레스받는 건 아니라고 생각해. 그래서 평소에 잘해야지. 수업 시간에 잘 듣고, 예습 복습하고."
"나는 지금 이 정도면 공부 잘하고 있는 것 같아? 공부하는 방법을 아직 확실하게 모르겠어."

"엄마가 보기엔 괜찮아! 시험 준비 어떻게 하고 있는데?"

"노트에 필기하고 문제 풀어보고 그러고 있지."

"잘하고 있네. 시험 잘 보는 방법은 수업 시간에 집중하고, 선생님께서 중요하다고 말씀하신 거 위주로 찾아서 공부하는 거야!"

"그걸 다 놓쳐버렸어. 줄 치고 했어야 되는데."

"알았으니까 오늘부터라도 그렇게 하면 되지. 그런데 진짜 공부 잘하려면 매일 책 읽어야 되는 거 알지?"

"응, 엄마! 오늘 동아리 시간에도 자습이래."

"조금이라도 더 좋은 성적 받으라고 선생님께서 배려해 주시는 거지."

"그러신 것 같아."

"결과보다 과정이 중요한 거 알지?"

"응! 엄마가 항상 말하는 거잖아."

"그래, 과정이 뿌듯하면 결과는 어떻든 후회하지 않아."

"응, 엄마!"

"엄마, 학교 다녀올게!"

"그래, 그래. 잘 다녀와~ 오구구구~ 뉘 집 아들인지 자알생겼다!"

"ㅋㅋ~ 다녀올게, 엄마!"

💡 임상심리사의 분석

"수행 PPT 마무리하고 발표까지 했어."
"담임선생님이 기말에 너무 스트레스받지 말라고 하셨어."

아들은 과제를 잘 마무리하고 발표까지 한 경험을 통해 자기효능감을 느끼고 있다. 교사의 배려와 격려 메시지가 스트레스 완화에 도움을 주어 심리적 안정감을 높여주는 모습도 볼 수 있다. 이는 학업 성취뿐 아니라 자기 자신에 대한 믿음과 긍정적 태도를 증진하는 데 중요한 역할을 한다.

"시험 때 쓰러지는 애들도 있대! 우리는 그러지 말래."
"그걸 다 놓쳐버렸어. 줄 치고 했어야 되는데."

시험에 대한 불안과 완벽하게 해야 한다는 압박이 내재되어 있다. '놓쳤다', '해야 했다'와 같은 자기 비판적 생각은 불안과 스트레스를 증폭시키는 요소이다. 그러나 엄마의 이해와 현실적 조언이 불안을 완화시키며 긍정적 영향을 미치고 있다.

"결과보다 과정이 중요한 거 알지?"
"엄마가 항상 말하는 거잖아."

"과정이 뿌듯하면 결과는 어떻든 후회하지 않아."

 엄마가 강조하는 '과정의 가치'는 내적 동기를 자극하고 성장 마인드셋을 심어 준다. 과정에서 만족과 의미를 느끼면 외적 결과에 대한 집착이 줄어들어 심리적 부담이 완화되기 때문이다. 이는 건강한 학습 태도와 자기 주도적 행동으로 이어지도록 만든다.

"엄마가 보기엔 괜찮아!"
"뉘 집 아들인지 자알생겼다!"

 엄마가 아들의 노력과 현재 상태를 긍정적으로 평가하며 지지하고 있다. 사소한 일상 속 유머와 칭찬은 관계의 친밀감을 강화하고, 자녀의 자존감 향상에 기여한다. 건강한 가족 소통 방식이다.

엄마 손맛, 집밥

아침 식탁에서 물었다.
"민근아, 엄마 이것만은 제발요~, 엄마가 가장 싫을 때는 언제야?"
"없는데?"
"으잉? 없다고? 설마 없을라고."
"응! 진짜 없어!"
"그럼, 가장 좋을 때는? 설마 이것도 없는 건 아니겠지?"
"많지만 요리해 줄 때가 제일 좋아!"
"그렇구나. 그럼 요즘 엄마가 좋을 때가 별로 없었겠다."
"아이들 가르치고 공부한다고 바빠서 그런 거잖아. 괜찮아."
"공부하는 엄마 만나서 네가 고생이 많아."
"아니야, 엄마. 나는 엄마가 좋아. 절대로 그런 생각 하지 마. 엄마 생각하면 항상 책 읽고 공부하는 모습이 생각나서 자랑스러워!"

한 마디, 한 마디 할 때마다 미쳐버린다 진짜!
나중에 사회생활 엄청 잘할 거야!

"엄마는 공부하는 거 힘들지 않지? 행복하지?"

"힘들지 않은 건 아니지. 그렇지만 그 힘듦이 나를 행복하게 만들어 줘."
"그럼 됐어. 엄마가 행복해서 하는 거니까 나도 좋지!"

아침마다 식탁에서 나누는 녀석과의 대화는 하루의 시작을 기분 좋게 만든다. 그리고 중2 사춘기임에도 불구하고 등교 인사는 늘 어깨를 토닥이며 살포시 안아준다. 거기에 덤으로 뽀뽀를 해달라며 요기조기 좁쌀 같은 여드름이 불쑥 내밀고 있는 볼을 들이민다. 요런 녀석에게 나도 화답을 한다.

"뉘 집 새낀지 자알생겼다!"

꼭 나사 하나 빠진 놈처럼 싱글벙글 웃음까지 던져 주는 녀석이 나가고, 현관문이 닫힌다. 그때부터 나의 시계는 바쁘다. 그러나 오늘은 녀석을 위해 오전을 쓰기로 했다. 징징거리며 해달라는 것도 아니고, 엄마의 입장을 먼저 헤아려 주는 마음 씀씀이에 요리를 좋아하는 본능이 움직였다.

다음 주가 기말고사라 이래저래 힘들 녀석! 중학생이 되고 처음으로 보는 시험인지라, 기말고사라는 그 단어만으로도 불안이 올라오리라. 좋은 성적 받고 싶다는 욕심이 그 불안을 더 키우겠지. 부모님과 선생님들을 실망시키고 싶지 않은 마음은 또 얼마나 클까? 내가 그랬듯 녀석도 그러리라.

　이럴 때, 녀석의 마음에 불안과 힘듦이 공존할 때 엄마로서 해줄 수 있는 것은 딱 한 가지뿐이다. 엄마 손맛!

💡 임상심리사의 분석

이 글은 특히 '정서적 안정감'과 '안전기지'로서 부모의 역할이 돋보인다. 아들이 엄마에게 느끼는 신뢰와 애정, 그리고 엄마가 '공부하는 모습'에 자랑스러움을 느끼는 모습에서 안전한 애착이 형성되어 있음을 알 수 있다. 사춘기임에도 불구하고 스킨십이 지속되는 것은 심리적 안정과 신뢰 관계가 튼튼하다는 방증이다. 애착이론에 따르면, 이런 안정적 애착은 스트레스 상황에서도 아이가 안정적으로 감정을 조절하고 도전을 이겨내는 데 도움을 준다.

'엄마 손맛'은 단순한 음식 그 이상으로, 아이에게 정서적 안정감을 제공하는 안전기지 역할을 한다. 시험 불안, 학업 스트레스 등 심리적 부담을 겪는 아이에게 엄마가 마련한 집밥은 스트레스 완화와 정서적 치유의 중요한 매개체가 된다. 엄마가 아들의 입장을 헤아리고 준비하는 태도 역시 '감정조절 지원'으로 작용한다.

"엄마 생각하면 항상 책 읽고 공부하는 모습이 생각나서 자랑스러워!"라는 말은 엄마에게 큰 심리적 보상을 안겨주는 멘트다. 아이가 엄마를 이해하고 격려하는 상호 공감은 가족 간 긍정적 상호작용을 강화하여 가족체계의 건강성을 증진시킨다.

사춘기 자녀는 독립성과 자율성을 추구하는 동시에 여전히 부모와의 정서적 연결을 필요로 한다. 이 에피소드에서는 아들이 독립적이고 바쁜 엄마를 이해하면서도 애정을 적극 표현하는 모습에서 건강한 '분리 개별화'를 보여주고 있다. 엄마 역시 아들의 독립성 존중과 동시에 필요한 정서적 지지를 제공하고 있어 균형 잡힌 관계임을 보여준다.

특히 사춘기라는 변화기 속에서도 끈끈한 가족애와 심리적 안정이 유지되는 모습이 인상적이다.

깨물어 주고 싶어!

"엄마, 하늘 좀 봐! 우와~ 진짜 예쁘다!"
"어디?"
"저기 봐 봐!"
"와… 예쁘긴 하다. 가을 같아!"
"엄마, 미안한데 차 잠깐 세워주면 안 돼? 사진 찍고 싶어."
"안 되는 게 어딨습니꽈! 바로 세웁니다요!"
"엄마, 너무 아쉽다!"
"왜?"
"폰에 다 안 담겨! 눈으로 보는 것과 폰으로 찍은 것과 너무 달라!"
"어디 봐 봐. 진짜 그러네. 다르네."
"엄마, 진짜 너무 귀엽지 않아?"
"그렇게 귀여워?"
"엄마가 연구소에 오는 애들 귀여워 죽겠다고 볼 꼬집을 때 있지? 지금 나 딱 그 기분이야!"
"표현도 어쩜~"
"저 구름을 깨물어 주고 싶어!"
"나는 지금 너를 깨물어 주고 싶다야! 갬성쟁이!"

💡 임상심리사의 분석

엄마와 아들의 따뜻한 정서적 교감과 감성적 유대가 잘 드러나 있다. 심리학적으로 보면 이 대화는 공감과 애정 표현이 매우 풍부하게 나타나는 순간이라고 할 수 있다.

아들이 하늘의 아름다움을 보고 감탄하는 감정을 엄마가 함께 느끼고 공감해 주는 과정은 매우 중요하다. 부모가 자녀의 감정을 진지하게 받아들이고 함께 경험할 때, 자녀는 자신이 존중받고 이해받는다고 느껴 정서적 안정감이 커지기 때문이다. '눈으로 보는 것과 사진으로 찍은 것의 차이'에 대한 대화도 섬세한 감성 교류의 표현이다.

"구름을 깨물어 주고 싶다"는 아들의 표현과 "나는 너를 깨물어 주고 싶다"는 엄마의 응답은 귀여움과 사랑스러움을 주고받는 친밀한 애정 표현이다. 이러한 애정의 교환은 가족 내 유대감을 강화하며, 자녀의 정서적 안정과 자신감 형성에 기여를 한다. 함께 하늘을 보며 느낀 '아름다운 순간'을 공유하는 것은 가족 간 긍정적 기억을 쌓는 중요한 경험이다. 이런 긍정적 경험이 쌓이면 가족 간 신뢰와 친밀감이 증진되고, 어려운 시기에도 서로 지지할 수 있는 심리적 토대가 된다.

이 에피소드는 평범한 일상 속에서 자연스럽게 피어나는 사랑과 공감, 그리고 감성적 소통이 얼마나 중요한지를 잘 보여줘서 참으로 따뜻하게 느껴진다. 아이의 감수성과 엄마의 공감 능력이 만나 서로를 더욱 가깝고 안정적으로 만드는 모습이 독자에게도 큰 위안과 공감을 줄 것이다.

아들의 꿈 너머 꿈 2

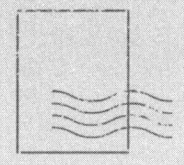

안녕하십니까?
경기도 시흥시 ○○중학교에 재학 중인 예비 중3, 열여섯 살 윤민근입니다.

저는 지금까지 총 13번의 이사를 다녔습니다. 믿어지시나요? 그 이유는 바로 저희 아버지의 직업 때문인데요, 저희 아버지는 육군 장교이며, 군인은 어쩔 수 없이 이사를 많이 다녀야 합니다.

여러분은 1년마다 이사를 다니면 어떨 것 같나요? 네, 저도 정말 힘들고 스트레스가 많았습니다. 친구는 거의 사귈 수도 없었고 사귀더라도 1년이면 헤어지는 것이 당연했습니다. 이렇게만 보면 나쁜 점만 있는 것 같지만 저는 이 속에서 저의 강점을 만들어냈습니다. 바로 친화력입니다.

1년마다 이사를 다니니 새로운 친구를 사귀는 것은 일도 아니었습니다. 그래서 소위 인싸라는 말을 많이 듣기도 했습니다. 제가 생각하는 최대의 강점이라는 의미는 벌써부터 제가 사회에 잘 적응할 수 있는 자신감이라고 할 수 있습니다.

제 꿈은 아빠와 같은 육군 장교입니다. 많은 분들이 '아니 이사 계속 다

닌다고 불평불만하더니 왜 군인을 해?'라고 하실 수 있습니다. 저는 나라를 지키는 것이 우리나라를 되찾기 위해 싸우신 독립운동가들, 우리나라를 지키기 위해 싸우신 참전용사들의 뒤를 이어, 아름다운 우리나라를 지키는 것이라고 생각합니다. 우리나라에 대한 최고의 봉사라고 생각합니다.

제 꿈 너머 꿈은 우리나라를 넘어서 세계 평화를 지키고 싶은 것입니다. 이번 러시아의 우크라이나 침공을 보면서 마음이 너무 아팠습니다. 제 꿈은 군인이지만 당연히 전쟁은 일어나면 안 되니 기회가 된다면 평화를 위해 힘쓰고 싶습니다.

마지막으로 선생님들과 저를 믿고 잘 따라와 준 우리 9조, 조원들께 감사를 드립니다. 저의 꿈을 들어 주셔서 감사합니다. 충성!

너의 꿈이 무엇이든 무조건 응원해! 너니까! 민근이니까! I'm so proud of you!

💡 임상심리사의 분석

　심리학적 관점에서 보면, 이 스피치는 아들의 긍정적 자기개념, 강한 적응력, 그리고 미래지향적 희망이 잘 드러나 있다. 열세 번의 이사를 겪으며 친구 관계가 자주 바뀌는 어려운 환경 속에서도 새로운 환경에 빠르게 적응하고 친화력을 키운 점은 회복탄력성의 좋은 예이다. 이런 강한 적응력은 다양한 변화에도 흔들리지 않고 자신감을 유지하는 데 커다란 도움을 줄 것이다.

　'사회에 잘 적응할 수 있는 자신감'을 언급한 것은 자기효능감이 높다는 뜻이다. 이는 목표를 향해 도전할 때 실패해도 다시 시도하게 하는 내적 동기와 힘으로 작용한다. 아버지와 같은 육군 장교가 되고자 하는 구체적인 꿈과 '우리나라를 지키는 것이 최고의 봉사'라는 가치관이 뚜렷하게 자리 잡고 있다. 단순히 주변 환경에 반응하는 것이 아니라 스스로 의미를 부여하며 행동하는 내적 동기가 강하다는 뜻이다.

　러시아-우크라이나 전쟁을 보고 마음 아파하는 부분에서 '평화를 지키고 싶다'는 넓은 시야와 깊은 공감능력을 엿볼 수 있다. 이러한 공감은 또래 친구들보다 성숙한 정서적 능력으로, 리더십 발달에 긍정적인 요소이다. '선생님들과 조원들께 감사' 인사를 하는 부분은 자신이 속한 공동체와 관계를 소중히 여기고, 지지받고 있다는 느낌이 강함을 보여준다.

아들은 환경적 어려움 속에서도 자기만의 강점을 발견하고, 뚜렷한 목표와 긍정적 태도를 가진 훌륭한 청소년으로 보인다. "너의 꿈이 무엇이든 무조건 응원해! 너니까! 민근이니까! I'm proud of you!"라는 엄마의 마지막 문장은 아들의 자아 존중감을 더욱 북돋아 주고, 성장에 큰 힘이 될 것이다.

Part 3

- ▶ 엄마 닮아 문과인 게 확실해!
- ▶ 아침 준비가 힘드네
- ▶ 2박 3일, 독서 캠프!
- ▶ 북극성을 띄운 아들의 캠프
- ▶ 엄마, 혼자 외롭지 않아?
- ▶ 아들표 카레
- ▶ 오케스트라 연주회 및 수료식
- ▶ 라벤더 향기

엄마 닮아 문과인 게 확실해!

"나, 엄마 닮아 문과인가 봐!"

과학 시험을 망친 아들이 대뜸 하는 말이었다.
'무슨 멍멍이가 풀 뜯어먹는 소리를 하고 있지? 수학 문제 푸는 것으로 스트레스 날리는 사람한테?'

첫날 치른 과학 가채점에서 생각보다 점수가 낮은 걸 알고 세상을 잃은 표정이었다. 너무 속상해 합리화를 하고 싶었나 보다. 얼른 오늘을 잊어버리고 내일에 집중하도록 직면기법을 써야했다.

"민근아, 엄마 톡 프사에 '과학 점수 ○○점인 아들의 엄마'라고 올려도 돼?"
"엄마, 그건 아니지!"
"그럼 오늘 시험은 잊어버리고 내일 과목에 집중해. 만회해야지! 엄마도 네가 속상할 거라는 거 알아. 그런데 지나간 시험만 붙잡고 있을 시간 없잖아?"
"알았어, 엄마!"

여자들이 설거지나 집안일을 할 때, 남편에게 애 좀 봐 달라는 부탁을 하면 대부분의 남편들은 진짜로 보기만 한다. 그냥 바라보고만 있는 것이다. 이럴 때 여자들은 속이 뒤집어진다. 애가 뭘 하든 그저 슬쩍슬쩍 곁눈질로 보면서 정작 제대로 보는 건 스마트폰이니 복장이 터진다. 그런데 아들 녀석을 보니 똑같다. '알겠어'라고 대답만 한 것이었다.

아니나 다를까! 국가고시라도 치르는 양 예민하게 군 것 치고 녀석의 성적은 처참했다. 빈 수레가 요란하다고나 할까?

그런 녀석이 양심은 애초에 태어날 때부터 가져오지도 않았다는 듯이 시험이 끝난 기념(?)으로 친구들과 중심 상가에서 맛있는 것도 먹고 영화도 보고 왔다. 기말고사 한 달 전부터 친구들과 한 약속을 찰떡같이 지켰다. 제사보다 젯밥에 온통 정신이 가 있는 철딱서니 없는 사춘기들이다.

어쨌든 시험 결과를 떠나 시험 준비를 하는 과정을 관찰한 결과, 대화는 필요하다 싶어 나름 준비를 했다. 최대한 녀석의 기분을 건드리지 않고, 자존감에 생채기가 나지 않도록 멘트를 짰다. 강의 나가기 전, 스크립트를 쓰듯 만반의 준비를 했으나 녀석은 한 수 위였다.

"엄마, 할 말 있어."

어제저녁 7시 30분, 녀석이 안방으로 들어오더니 두 손을 공손히 모으고 던진 말이다.

'뭐야? 이 토끼 같은 녀석은?'

내 머리는 재빠르게 녀석의 의중을 간파했다. 그래, 들어나 보자. 녀석에게 들키지 않게 심호흡을 했다.

"오늘 친구들과 영화를 보는데 마음이 편치 않았어. 시험을 그렇게 망쳐놓고 내가 지금 뭐 하고 있나 싶었어. 그래서 기말은 진짜 정신 차리고 잘 준비해야겠다는 생각이 들었어. 그리고 다른 엄마들처럼 소리도 안 지르고 화도 안 내니까 더 미안했어."

다시 심호흡을 했다.

"그런 생각을 했어? 기특해라. 그래, 엄마도 이건 아니다 싶어 오늘 얘기하려고 했어. 네가 먼저 깨달아서 고맙다."

내게 아무런 감정도 일어나지 않았던 것처럼 아주 편안하게 말했다. 그리고 나도 던졌다.

"그런데 민근아, 생각은 누구나 해. 공부 잘하고 싶지 않은 애들은 없거든. 너의 그 결심 흔들리지 않게 매일 붙잡아 매. 그리고 무조건 실천으로 옮겨! 결과는 실천했느냐 아니냐에 따라 달라져. 백날 입으로 외쳐봤자 아무 소용 없어! 그리고 언제나 '지금'이야. '나중에'는 없어."

"응, 엄마. 이제 공부하는 방법 좀 알 것 같아. 그리고 엄마가 얘기한 공부법이 맞는 것 같아. 그렇게 할게!"

그렇게 서로의 긴장을 숨긴 채 평화로운(?) 대화가 끝나고 녀석은 태권도를 다녀오겠다며 나갔다. 10년 차 검은 띠답게, 씩씩하게 인사를 하고.

"안 들어와도 돼. 들어오지 마, 이 녀석아!"

이렇게, 아주 큰 소리로 내지르고 싶었다. 그러나 감각과 운동을 담당하는 전전두엽이 그건 아니라며 강하게 반대를 했다. 그러면서 나의 감정이 밖으로 튀어나오지 못하도록 변연계를 꽉 붙잡았다.

💡 임상심리사의 분석

사춘기 아들과 엄마 사이의 현실적이고도 섬세한 심리적 상호작용이 잘 드러나서 흥미롭다.

시험 점수 부진은 사춘기 청소년에게 큰 스트레스이자 자아존중감에 영향을 줄 수 있는 사건이다. 아들이 '과학 시험 망침'을 크게 받아들이며 좌절한 모습에서 자존감이 흔들릴 가능성이 커 보인다. 엄마가 '시험은 잊고 다음 과목에 집중하자'며 직면기법으로 현실을 받아들이고 전진하도록 돕는 점이 적절해 보인다.

아들이 시험 후 친구들과 즐기면서도 마음 한편으로는 '시험 망쳤다'는 불편한 감정을 느끼고 있었음을 솔직히 털어놓은 장면이 인상적이다. 이는 사춘기 청소년이 점차 자신의 행동과 감정을 내면화하여 책임감을 키워가는 과정임을 보여준다.

"소리도 안 지르고 화도 안 내니까 미안했다"라는 말에서 엄마의 관대함과 신뢰에 대한 인식도 느껴진다. 엄마가 감정을 억누르고 차분하게 조언하는 모습은 '양육자의 정서조절 능력'과 '건설적 의사소통'의 좋은 사례이다.

"결과보다 실천이 중요하다"라는 메시지는 긍정적 동기 부여를 위한 효과적인 접근법이며, 아이의 자율성과 자기주도성을 존중하는 방법이다. 동시에 "안 들어와도 돼"라며 소리치고 싶었다는 엄마의 솔직한 독백은 많은 엄마들의 공감표를 얻을 것이다.

아들이 '엄마가 화내지 않는 점'을 고마워하고, 엄마가 큰소리를 내고 싶지만 참고 감정을 조절하는 모습은 사춘기의 독립성 욕구와 부모의 감정 통제 사이에서 일어나는 심리적 긴장감을 보여준다. 사춘기 아이와의 소통은 늘 쉽지 않은 과정인데, 엄마의 침착하고 준비된 마음으로 아이의 마음을 헤아리며 대화를 이어가는 모습이 멋지게 다가온다.

아침 준비가 힘드네

"엄마는 아침 시간이 너무 힘들어. 여유를 갖고 싶어."
"어떤 게 힘들어 엄마?"
"아침 준비하는 거. 요즘 날씨가 더워서 운동도 일찍 나가야 하는데, 아침 챙겨야 하니까 편하게 못 하게 돼. 명상할 때도 서두르게 되니까 뭔가 좀 조치가 필요해."
"그러면 아침은 내가 알아서 준비할게. 편하게 운동해."
"저기요, 아저씨! 일곱 시에 일어나면 샤워하는 데 20분, 볼일 보느라 10분, 거울 보느라 20분…."
"아이, 엄마, 거울은. 암튼 내가 알아서 아침 챙길게. 걱정 마!"
"고마워. 그런데 내가 전날 국 같은 거 끓여 놓을 시간도 없어."
"그럼 엄마, 상가에 본죽 생겼던데. 우리 아침에 죽 먹을까?"

그렇게 해서 아침밥 준비하는 40분 정도를 절약했다. 일주일에 3~4회는 본죽으로 해결하고, 주 1회는 녀석을 위해 요리하는 것으로 결정했다.

💡 임상심리사의 분석

사춘기 자녀와 가정 일상의 실제 고민을 담아내서 너무 자연스럽고 따뜻하다. 부모와 자녀가 가사와 생활 리듬을 함께 조율하는 모습은 건강한 가족 체계의 좋은 예이다.

엄마가 '아침 시간이 힘들다'고 솔직히 표현하고, 아들이 '내가 준비할게' 하며 역할을 나누는 과정에서 상호 신뢰와 책임감이 보인다. 이런 협력은 가족 구성원 간 심리적 유대감과 자율성 발달에 긍정적 영향을 준다. 아들이 아침 준비를 책임지겠다고 한 것은 독립성 욕구와 책임감을 키우는 중요한 순간이다. 자신의 행동이 가족의 삶에 실질적 변화를 일으키는 경험을 하면서 자존감도 함께 올라가기 때문이다. 이때 부모가 '고맙다, 믿는다'고 인정하는 피드백이 중요하다.

아들의 아침 준비 행동을 구체적으로 관찰하고 대화하는 장면에서 '시간 인식'과 '자기 관리'가 의식적으로 이루어지고 있다. 거울 보는 시간이 길다는 농담 섞인 지적은 친밀감 형성과 함께 현실적 조율을 돕는 효과적 소통 방식이다.

'명상 시간이 줄어드는 것'에 대한 엄마 고민은 심리적 휴식과 자기 돌봄 욕구의 신호이다. 가족 간 협의를 통해 '본죽' 같은 실용적 대안이 마련된 것은 스트레스 감소와 생활 효율성 증대에 매우 좋은 예이다.

　여기서 양육의 팁을 드리면, 역할 분담 인정과 칭찬으로 아이들의 노력과 협력을 자주 인정하고 칭찬해 주는 것이 좋다. 특히 일상에서 발생하는 작은 어려움을 가족과 함께 이야기하며 해결책을 찾는 유연한 문제 해결 연습이 중요하다. 더불어 부모도 스스로 명상 등 휴식 시간을 확보할 수 있도록 일정 조절을 하여 자기 돌봄 시간을 확보하는 모습을 아이들에게 보여줄 필요가 있다. 이러한 모습에서 아이들은 시간 활용을 스스로 점검하고 조절하는 습관을 배우고 키워간다.

2박 3일, 독서 캠프!

방학이면 늘 참가하던 캠프였지만 이런저런 사정으로 지난 여름 방학에는 떠나질 못했다. 아쉬운 마음에 10월 1일부터 3일까지의 연휴를 이용한 2박 3일간의 짧은 캠프를 예약했다.

10월 1일, 캠프 떠나는 당일. 새벽 5시에 일어나 샤워를 하고, 지난밤 챙겨둔 가방을 다시 확인하는 아들. 그리고 아침 루틴인 필사를 하고 소리 내어 읽는다. 벌써 한 권을 끝내고 두 권째인데, 내가 필사한 고전을 녀석이 따라서 쓰는 중이다. 그 모습이 대견해 입에서 '우리 아들 멋지다'라는 소리가 절로 나온다.

10시 30분까지 충주 캠프장 집합이라 새벽 6시 50분 버스를 예매했다고 한다.

"엄마, 나 꼭 입대하는 것 같아."

백팩을 맨 녀석이 웃으며 농담을 한다. 그런 녀석의 어깨를 토닥여 주며 나도 웃었다. 6시 20분쯤 인천종합터미널에 도착하니 부지런한 사람들로 가득했다. 내 기억으로는 고등학교 때 터미널을 이용한 것이 마지막이었던 것 같다. 워낙 오랜만에 오는 터미널이라 낯설었다. 특히 버스 승차권 발매기가 눈에 들어왔다. 요즘은 어딜 가나 이렇게 자동이다.

어제 미리 예매한 티켓을 승차권발매기로부터 받았다. 티켓을 내어주는 자동기계의 근엄함에 웃음이 났다. 충주행은 8번 플랫폼이었다. 플랫폼에는 이미 버스를 기다리는 사람들로 북적거렸다. 표정들도 밝았다. 다만 이른 시각인지라 얼굴은 부스스했다. 산을 올라도, 시장을 가도, 지하철을 타도 부지런한 사람들이 참 많다. 그 사람들의 표정은 언제나 밝다. 그래서 나는 이른 시각의 풍경을 좋아한다. 새벽을 닮은 사람을 좋아한다.

6시 45분경이 되자 8번 플랫폼으로 버스가 들어왔다. 길게 줄을 선 사람들이 손에 든 티켓을 기사님께 드린다. 기사님은 자신의 버스 탑승객이 맞는지 확인을 한 후, 티켓을 승객과 사이좋게 반으로 나누어 갖는다.

사람들이 하나둘씩 버스에 오르고 기사님은 시동을 건다. 아들 녀석도 본인의 자리를 찾아 앉았다. 그 모습을 바라보고 서 있으니 안전벨트를 매다 말고 손가락으로 브이 자를 그리며 웃어 준다. 잘 다녀오라고 손을 흔들어 주었다. 떠나는 버스가 듬직해 보였다.

집으로 돌아와 샤워를 한 후, 대충 한 숟갈 뜨고 보강을 하는데 녀석에게서 톡과 사진이 날아왔다.

"엄마, 여긴 변한 게 없어. 전부 그대로야."

오랜만에 가서 녀석도 기분이 좋은가 보다. 무사히 도착했다는 녀석의 톡에 기쁨이 가득했다. 한 시간이나 일찍 도착해 시간이 많다며 산책을 하는 중이라 했다. 산책을 하며 찍은 사진에 살짝 들뜬 아들의 마음도 같이 보였다. 산속 아침 공기의 신선함도 보였다. 오랜만이라 정말 반가웠나 보다. 사진에서 녀석의 감정이 그대로 느껴졌다. 구석구석 놓치지 않고 셔터를 눌렀다는 건 그만큼 기쁘다는 것이니까.

"엄마, 고도원 아저씨 만났어!"
"아침지기 선생님도 만났어! 내 이름을 기억하고 계셔!"

한껏 들뜬 녀석의 기분이 계속해서 날아온다. 엄마로서 여간 흐뭇한 게 아니다. 아빠한테도 캠프 잘 도착했다고 사진을 보내드리라 했다. 11시 30분쯤, 조 배정을 받고 명찰도 받았다며 사진을 보내왔다.

"엄마, 이제 휴대폰 반납이야. 월요일에 봐~"

"그래, 다음 주 월요일에 만나자. 너도 나도 조금 더 성장한 모습으로! 그동안 엄마도 독서 캠프 함께하는 마음으로 책을 읽고 글을 쓰도록 할게!"

💡 임상심리사의 분석

사춘기 아들이 독서와 자기성장에 진심인 모습, 그리고 엄마로서 그 모습을 세심하게 관찰하고 응원하는 마음이 고스란히 전해진다.

아들이 캠프 참가를 스스로 준비하고 출발하는 모습에서 자율성이 잘 발달하고 있음을 볼 수 있다. '입대하는 것 같다'는 농담조 표현 속에 자립과 책임감에 대한 무의식적 인식도 깔려 있다. 스스로 행동하고, 그 경험을 '성장'과 연결 지으며 자기효능감을 느끼는 긍정적 과정이다.

출발 전, 버스 타기까지의 긴장과 설렘, 그리고 도착 후 산책과 만남 등 일상의 순간들을 공유하는 아들의 소통이 돋보인다. 정서적 연결감을 지속시키는 '톡'과 사진 교환은 떨어져 있는 동안에도 안전감과 친밀감을 유지하는 역할을 한다. 이는 사춘기 아이가 독립성을 키우면서도 부모와의 심리적 유대를 유지하는 좋은 사례이다.

캠프에서 필사를 하고 고전을 읽으며 자기주도적 학습을 실천하는 모습은 자기 성장에 대한 의지를 보여준다. '독서 캠프'라는 공간이 아들의 내적 동기와 자아실현 욕구를 자극하는 장으로 작용함을 알 수 있다.

이 에피소드는 아들과 엄마와의 관계가 참 건강하고 애정이 가득하다는 게 느껴져서 마음이 따뜻해진다. '엄마도 독서 캠프 함께 하는 마음으로 책을 읽고 글 쓴다'라는 부분에서는 같은 엄마로서 깊은 공감이 되었다. 부모와 아이가 서로의 성장 과정을 응원하며 함께 나아가는 모습에 절로 미소가 지어진다. 이런 것이 아름다움이다.

북극성을 띄운 아들의 캠프

    2박 3일간의 미니 독서 캠프가 끝났다. 떠나던 날, 올 때도 혼자 오겠다며 집에서 쉬고 있으라는 녀석의 말에 편히 있었다. 충주터미널에서 버스를 이용해 올 테니 인천터미널에서 만나자 했기에 일요일 밤은 그야말로 나 홀로 천국이었다. 그런데 밤이 되자 비가 많이 내렸다. 뉴스를 보니 녀석이 있는 충주에도 월요일까지 비 소식이 있었다.

    살짝 걱정이 되었다. 아침지기 선생님을 통해 녀석과 통화가 되었고, 어떻게 할지 물어보았다. 잠시 망설이는가 싶더니, 내게 선택권을 준다.

    "피곤하지 않아? 괜찮겠어? 사실 대표로 스피치 발표를 하게 됐는데 엄마가 오면 좋긴 하지."

    다음 날, 9시 30분까지 수료식이 진행될 강당에 도착해야 하므로 넉넉히 6시 30분쯤 집을 나섰다.

강당에는 서른여덟 명의 초중고생들이 조별로 앉아 고도원 선생님의 격려와 지지의 말씀을 듣고 있었다. 몇몇 아이들의 대표 스피치는 심장을 끄덕이게 했다. 아들의 스피치도 당연히 심장에 콕 박혔다. 이어 수료증 수여로 이어졌다. 고도원 선생님 말씀처럼 그냥 수료증이 아니다. 가슴에 북극성을 띄우고, 새로운 꿈 너머 꿈, 아이들의 인생을 빛나게 해줄 증표다!

집으로 돌아오는 길, 2박 3일 캠프에서 느꼈던 감정들을 쉴 새 없이 떠들어 대는 아들 덕분에 약 두 시간의 거리가 20분 같았다.

"엄마, 2박 3일은 너무 촉박하고 일주일이 딱 좋아."
"그래, 이번 방학에는 일주일 가자!"

💡 임상심리사의 분석

수료증을 '북극성'에 비유하며 인생의 이정표로 상징하는 것은 아이의 성취를 심리적으로 강화하는 중요한 장치이다. 이런 공식적 인정은 아들의 자존감과 자기효능감을 크게 높이고, 자기 목표 설정에 긍정적 영향을 준다. 돌아오는 길, 캠프 경험을 신나게 이야기하며 두 시간 거리도 20분처럼 느껴지는 것은 부모와 자녀 간 정서적 친밀감과 안정감이 보여지는 부분이다.

'새로운 꿈 너머 꿈'이라는 표현에서 아들이 단순한 체험을 넘어 자기 성장과 미래 목표를 향한 동기부여가 이루어지고 있음을 알 수 있다. 다음 방학에는 '일주일 캠프'로 더 긴 시간을 원하는 것도 자기계발에 대한 적극적 욕구의 표출이다.

아들의 '북극성' 같은 수료증, 그리고 그 의미를 잘 담아내신 글에서 엄마의 따뜻한 마음과 교육 철학이 느껴진다. 이런 소중한 순간들을 글로 남기면서 부모와 자녀가 함께 성장하는 모습을 계속 기록해 간다면 정말 멋진 가족의 표본이 될 것이다.

엄마, 혼자 외롭지 않아?

"엄마, 가만 생각하니까 엄마는 매일 혼자 점심 먹잖아. 괜찮아? 혼자 외롭지 않아?"

"어머~ 윤민근! 어쩜 그런 생각을! 걱정 마! 전혀 외롭지 않아! 왠지 알아?"

"음… 내 생각 하면서 먹어서?"

"미안해, 아들! 엄마가 식사할 때 가수들이 노래를 불러줘! 어떤 날은 박창근, 어떤 날은 조용필, 어떤 날은 피아니스트 손열음이 모차르트를 연주해 줘."

언제였는지 정확하지는 않지만 아마 지난 7월 말경이었을 것이다. 1인 연구소를 운영하니 특별한 약속이 없는 한 늘 혼자 점심을 먹는다. 그런 엄마가 걱정되었는지 중2 아들이 이렇게 물어왔었다.

오늘은 지난 10월, 학교 축제에서 바이올린 연주를 한 녀석의 영상을 보면서 혼자 점심을 먹는데 갑자기 아들의 이 말이 떠올랐다.

'성격이 세심하고 마음 씀씀이가 참 예쁜 아들이구나!'

가끔이지만, 이렇게 바이올린을 연주해 주는 아들까지 있어 이자가 복리로 쌓이듯 행복이 몰려오는데 외로울 틈이 없지!

💡 임상심리사의 분석

아들이 엄마의 '혼자 점심 먹는 모습'을 관찰하고 직접 걱정하며 물어본 점에서, 타인의 정서에 민감하고 세심하게 배려하는 공감 능력이 돋보인다. 특히 '외롭지 않냐'는 질문은 아들의 따뜻한 마음과 정서적 연결 욕구를 나타낸다.

엄마가 혼자서도 외롭지 않다고 밝게 답하며, 평소 노래나 연주를 틀어놓고 식사를 하는 긍정적인 정서 상태를 유지하는 모습이 인상적이다. 이는 '자기 위안'과 '내적 대화'의 좋은 사례로, 혼자 있는 시간을 긍정적 경험으로 전환하는 정서 조절 능력을 보여준다.

아들의 관심과 엄마의 따뜻한 응답, 그리고 서로를 생각하는 마음이 가족 간 정서적 유대를 단단히 만들어 주고 있다. 특히, 가끔 아들의 바이올린 연주 영상을 보며 식사하는 엄마의 모습은 가족 간의 긍정적인 상호작용과 심리적 안정감을 반영한다.

혼자 있는 시간이 많아질 수 있는 '1인 연구소' 생활에서도, 아들의 관심과 엄마의 내적 긍정 경험이 외로움을 완화하고 정서적 회복력을 높이는 역할을 하고 있다. 이런 지지와 자기위안이 결합되면 외로움도 건강하게 견디는 힘이 커질 수밖에 없다.

아들은 엄마의 감정을 섬세하게 살피는 따뜻한 아이이며, 엄마 역시 내면에 쌓인 단단한 내공과 가족 사랑으로 외로움을 넘어서고 있다. 이런 상호보완적 관계는 서로에게 큰 심리적 안정과 행복을 주는 소중한 자산이라 할 수 있다.

아들표 카레

"카레 만들어 줘!"

주말임에도 불구하고 학원 보강 수업을 받고 나오는 아들이 톡으로 주문을 했다. 그게 뭐라고! 바로 ok했다. 밥만 하면 되니까! 며칠 전에 맛이 기가 막히다는 '에스앤비 골든카레'를 사두었다는 사실에 매우 흡족해하면서!

녀석에게서 다시 톡이 왔다. 재료가 있냐고. 뭔 재료가 필요할까! 끓는 물에 2분이면 ok인 걸!

"걱정 마! 아주 맛있는 카레 준비해 뒀어. 2분이면 뚝딱이야! 밥만 하면 돼!"
"어? 엄마 혹시 주방 찬장에 있는 그 일본식 카레 말하는 거야?"
"봤어? ㅎㅎ~ 맞아, 그거야!"
"엄마, 그거 카레 가루야~"
"응? 끓는 물에 넣으면 바로 되는 건데?"
"ㅋㅋ~ 엄마 뭐 살 때 잘 보고 사~"

그냥 얼른 먹고 해야 할 일을 하고 싶었던 터라 대략 난감이다. 밖에서 사 먹자는 나의 의견과 달리 재료를 사서 같이 만들자 한다. 일단 마트에 들러 재료를 구입한 후, 나는 쓰레기를 버리고 설거지를 할 테니 카레는 녀석에게 만들라고 했다.

쓰레기를 버리고 피곤해서 잠시 누웠다가 나오니 벌써 재료 손질을 끝내고 썰어 팬에 볶고 있었다. 그런데 당근, 감자, 양파들이 어찌나 큼직큼직한지. 글자는 그렇게 크게 쓰지 않는 녀석인데 왜 그럴까 생각해 봤다. 아마 먹는 음식이라 그런 것이 아닐까? 이 정도면 꿈을 그냥 요리사로 정하는 것이 나을 것 같기도 하다. 매일 실컷 먹을 수 있을 테니 말이다. 먹는 것에 진심인 녀석이 가끔 나와 너무 다르구나 싶다.

역시 앞치마는 남자가 둘러야 멋있다. 앞치마는 여자를 위한 것이 아니다. 그냥 요리를 위한 거다. 그런데 이상하게 여자보다 남자가 더 잘 어울린다. 내가 보기엔 그렇다.

야채와 고기를 볶아 물을 붓고 끓이는데 거품이 일자 걷어낸다. 할 건 다 한다. 제대로 한다. 잘 배웠구나! 이제 한소끔만 끓이면 먹을 수 있겠다 싶은 생각이 드니 뱃속에서 더 난리다. 더구나 일본에서 유명하다는 카레라 그 맛이 더욱 궁금했다.

드디어 접시에 담는다. 중학교 2학년, 한창 먹성이 좋을 때라 많이도 담는다. 하지만 이것도 부족한 녀석이다. 그래그래. 많이 먹고 쑥쑥 몸의 키도 마음의 키도 180cm까지 자라자! 암튼 맛있게 만들어 차려주니 고마웠다. 이웃에서 김장을 했다며 배달 온 수육까지 곁들이니 저녁상이 푸짐했다. 오랜만에 굴을 먹으니 입안 가득 신선함이 퍼지다 못해 바닷가에 앉은 듯 미역 향이 온몸을 감쌌다.

맛있는 시간이 빈 그릇으로 바뀌고, 식탁 위 노란빛을 머금은 하얀 그릇들이 싱크대로 옮겨졌다.

"엄마, 독서실 다녀올게!"

녀석은 쿨하게 나갔다. 이왕 만들어 준 거, 설거지까지 깔끔하게 마무리해 주면 얼마나 좋을까! 나의 욕심이겠지? 설거지를 하며 혼자 웃었다.

💡 임상심리사의 분석

가족 간의 소소하지만 따뜻한 일상과 성장의 순간들이 생생히 느껴진다. 아들이 직접 카레 재료를 준비하고 요리를 하는 과정은 자기 주도성과 책임감을 보여준다. 청소년기에 조금씩 자신만의 역할을 맡고 스스로 해내는 경험이 자아존중감과 성취감을 키우는 중요한 과정임을 반영한다.

"엄마, 카레 만들어 줘!"라는 간단한 요청 속에 아들의 애정 표현과 엄마와의 교감이 녹아 있다. 엄마가 기꺼이 응답하며 함께 시간을 보내는 모습은 안정적 애착 형성과 정서적 유대감에 긍정적 영향을 미친다. 카레를 크게 썰고 정성껏 요리하는 모습에서 아들의 '자기만의 스타일'과 창의성, 관심사가 엿보인다. 음식을 '만드는 행위'는 청소년의 자기표현 수단이 되기도 하며, 이는 정체성 확립에 긍정적이다.

바쁜 일정 속에서 음식 만드는 일과 맛있는 식사를 통해 가족 모두가 잠시나마 스트레스에서 벗어나 즐거움과 만족감을 느끼는 모습이다.

이 글은 중학생 아들이 가족과의 관계 속에서 점차 자립심을 키우고, 사랑과 인정 속에서 건강한 성장과 정서적 안정감을 누리고 있음을 잘 보여준다. 또한, 엄마와 아들이 서로를 이해하고 존중하는 모습이 가족 애착과 긍정적 정서 형성에 큰 도움이 되고 있음을 알 수 있다.

오케스트라 연주회 및 수료식

    3월부터 12월까지, 매주 토요일 총 32주 차 레슨을 받았다. 그리고 어제 1년을 마무리하는 수료식 및 연주회가 있었다. 어쩌면 친구들은 주말의 늦잠을 즐기고 있었을 그 시각, 오케스트라 단원들은 모두 이른 시각 악기를 메고 들고 연습장으로 달려 나왔다. 대단한 녀석들이다. 최소 5:1 이상의 경쟁을 뚫고 오디션에 합격한 것도 대단하고, 연습에 빠짐없이 참석해서 이렇게 결실을 맺는 것 또한 기특한 일이다. 그리고 이러한 협력 사업을 추진하여 10년째 물심양면으로 든든한 병풍 역할을 하는 시흥시도 칭찬받아 마땅하다.

    또 주말이면 할 일도 많을 대학원 생활, 그 바쁜 시간을 쪼개어 아이들을 지도하느라 수고해 준 서울대 음대 대학원생들에게도 그저 감사할 따름이다. 작년에는 코로나가 심각하여 학부모들 모두 각자 집이나 승용차 안에서 유튜브로 시청을 했었다. 그러나 올해는 바로 앞에서 보고 듣고, 함께할 수 있음에 감사했다. 꽃도 한 송이보다 여러 송이가 함께 어우러져 피었을 때가 아름답듯이, 음악 역시 악기들이 어우러져 함께 만들어내는 소리가 풍성하다. 듣는

귀와 보는 눈에 아름다움이 가득 찬다. 매년, 끝까지 포기하지 않고 잘 따라와 준 단원들의 이름을 한 명씩 다 불러주시며 칭찬과 격려를 아끼지 않는 지휘자 김현수 교수님! 늘 여유로우신 분이라 뵐 때마다 편안하다.

음악멘토링 협력 사업을 주관하는 김송진 교육자치과 과장, 서울대 음악멘토링 사업을 책임지고 있는 김승근 교수, 서울대 음악대학 성재창 교수, 서울대 음악대학 김다미 교수. 이분들은 처음부터 끝까지 아이들의 연주를 감상하며 응원하기 위해 자리를 지키셨다.

수료식 및 연주회가 끝나고, 식당에서 저녁을 먹으며 함께 사진을 보았다.

"우리 민근이는 참 선하게 생겼구나."
"ㅎㅎ~ 그래?"
"그래! 그러니까 우리 선하게 살자~"

💡 임상심리사의 분석

32주간 꾸준한 레슨과 오디션 합격, 그리고 수료식과 연주회 참여는 아들에게 자신의 노력과 능력이 결과로 나타나는 '자기효능감'을 크게 강화해 주었을 것이다. '포기하지 않고 끝까지 해냈다'는 경험은 도전 정신과 인내력, 자기통제력도 길러준다.

오케스트라는 협력이 필수인 공동체 활동이다. 각자 다른 악기가 조화를 이루기 위해 소통과 협동이 요구되기에, 소속감과 대인관계 기술, 팀워크가 자연스레 발달한다. 또래 친구들과 함께하는 정기적 모임은 또래관계 형성과 사회성 발달에 긍정적이다.

지휘자 및 교수님들, 교육 관계자들의 지속적인 격려와 관심, 그리고 음악 멘토링 시스템은 아들에게 신뢰받고 지지받는 경험을 갖게 한다. 이러한 멘토와 어른들의 존재는 아동 청소년의 심리적 안정과 자기계발에 중요한 역할을 한다.

무엇보다 무대에서 관객들의 호응을 받고, 자신의 이름이 불려지고, 칭찬받으며 성취를 인정받는 것은 정서적 안정감과 자존감을 높이는 강력한 경험이 아닐 수 없다. 또한 '선하게 살자'는 긍정적 메시지는 아들의 가치관 형성에도 긍정적 영향을 미친다.

연주 후 식사를 하며 소소한 기쁨을 함께 나누는 가족의 모습은 안정적인 애착과 가족 간 유대감을 보여준다. 이러한 일상의 소소한 행복들이 아들의 정서적 건강에 큰 힘이 될 것이다.

라벤더 향기

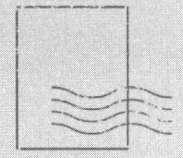

학원가 앞 교복 입은 학생들 손에는 하나씩 꽃을 들고 있다. 꽃들이 얼마나 이쁜지 빨강, 노랑 알록달록했다. 나 역시 하나 들고 있다.

하지만 내 꽃은 꽃이라 하기 민망할 정도로 예쁘지 않다. 그냥 보면 풀 같다. 하지만 시간이 지나면 다른 꽃들보다 아름답고, 다른 꽃들보다 향기롭다. 이 꽃의 이름은 '라벤더'다.

엄마, 어버이날인데 편지를 안 쓰는 건 아닌 것 같아서 이렇게 써. 라벤더가 향이 그렇게 좋대. 피면 향기 한번 맡아 봐. 항상 고맙고, 사랑해.

_사랑하는 엄마에게 아들 민근이가

💡 임상심리사의 분석

 '라벤더'라는 꽃을 통해 자신의 마음을 전달하는 점은 상징적 사고가 발달한 모습이다. 라벤더가 '향기롭고 아름답다'는 점을 통해 자신의 감정을 간접적으로 표현하고, '시간이 지나야 아름답다'는 비유는 성장과 관계의 깊이를 은유하는 듯하다. 이는 청소년이 직접적 표현 대신 은유와 상징을 통해 자신의 내면을 드러내는 심리적 특성을 보여준다.

 어버이날 편지를 쓴 것은 '애착 강화'와 '관계 유지를 위한 노력'의 하나로 볼 수 있다. 특히 "편지를 안 쓰는 건 아닌 것 같아서"라는 문장은 아들이 부모와의 정서적 연결을 의식하며 노력하고 있음을 시사한다. 이는 내적 애착체계가 건강히 작동하고 있음을 보여주는 긍정적인 신호이다.

 아들의 어버이날 편지는 사춘기 자녀가 부모에게 보내는 정서적 신호로, 자율성과 애착, 자기표현의 균형이 잘 맞춰져 있음을 보여준다. 이 편지를 통해 아들은 자신의 내면을 상징적으로 표현하고, 부모와의 건강한 관계 유지를 위해 노력하고 있음을 알 수 있다.

Part 4

- ▶ 심리학으로 성장하는 엄마
- ▶ 읽기와 필사, 그리고 음악
- ▶ 링컨학교 비전캠프
- ▶ 두 번의 생일 축하
- ▶ 아들과 산에 오르는 이유
- ▶ 엄마에게 새끼는 뭘까?
- ▶ 제대로 공부하는 방법

심리학으로 성장하는 엄마

2학년을 마무리하는 '블랙라이트' 행사가 학교에서 있었다. 민근이는 가인, 가영이와 사회를 봤다. 민근이는 다행히 나를 닮지 않았다. 내 목소리도 듣기에 그리 나쁜 것은 아니지만 누구나 들어도 좋은 아빠 목소리를 닮아 참 좋다. 민근이 아빠도 부대행사 때마다 사회를 도맡았었는데 민근이도 학교 행사 때마다 그렇다. 이런 장점을 닮아 감사하다.

"민근이 같은 애도 있어야 우리가 가르칠 맛이 나죠."
"아휴~ 민근이 어머님, 애가 어쩜 그리 예의도 바르고 다정해요?"

학교에서 선생님들을 마주치면 이렇게 말씀해 주시는 분들이 계신다. 나도 평범한 엄마인지라 자식에 대한 욕심이 많다. 그런데 이런 칭찬을 들을 때마다 조금씩 내려놓자고 스스로 다독이곤 한다. 예전에 누군가가 그랬다.

"민근이가 받은 상장으로 도배해도 되겠어요!"

그 정도는 아니지만 작은 방의 벽 하나 정도를 채우고도 남는 건 맞다. 그러나 박스 안에 가득한 상장을 볼 때마다 민근이의 땀과 열정이 고스란히 느껴져 가슴이 짠하다. 잘하면 더 잘하기를 바라게 되고, 받아오면 계속 받아오기를 바라는 마음이 끝도 없었던 적이 있었다. 그러나 심리학을 공부하면서 그런 마음이 사라졌다. 이제야 진짜 괜찮은 엄마가 되어 가고 있는 중이다.

💡 임상심리사의 분석

엄마로서 자녀에게 큰 기대와 욕심을 갖는 것은 매우 자연스러운 심리이다. 그러나 지나친 기대는 엄마 자신과 아이 모두에게 부담이 될 수 있다. 심리학 공부를 통해 '기대치 조절'과 '수용'의 중요성을 깨닫고, 조금씩 내려놓는 마음가짐은 자기자비의 성장이라 할 수 있다. 이는 스트레스 감소와 긍정적 부모 역할에 큰 도움이 된다.

아이의 노력과 땀, 열정을 인정하고 칭찬받는 모습을 자각하며 '과정의 가치'를 중시하는 시각은 매우 건강한 태도이다. 외적 성과보다 내적 동기를 강화하는 방향으로의 전환으로, 자녀의 자기주도성 발달에도 긍정적 영향을 준다.

'진짜 괜찮은 엄마가 되어 가고 있다'는 표현은 자신에 대한 수용과 긍정적 변화를 의미한다. '성장마인드셋'을 가진 부모로서, 자신의 부족함을 인정하고 배우며 발전하려는 자세를 보여준다. 이런 부모의 태도는 아이에게도 모범이 되어, 자녀의 정서적 안정과 건강한 자아 형성에 도움을 준다.

선생님들과 주변 어른들로부터 '예의 바르고 다정하다'는 칭찬을 듣는 경험은 부모로서의 자부심을 높이고 심리적 안정감을 줄 뿐만 아니라 부모의 자신감과 양육 효능감을 강화해 주는 일이다.

엄마로서 아이를 바라보는 시각이 '성과 중심'에서 '과정과 성장' 중심으로 변해가고 있음을 느낄 수 있다. 심리학을 통한 자기 이해와 마음 다스림은 더 여유롭고 건강한 부모 역할을 가능하게 하며, 결과적으로 아이와 엄마 모두의 정서적 건강을 증진시키는 길이다. 앞으로도 이런 성찰과 성장을 통해 '괜찮은 엄마'를 넘어 '행복한 엄마'로서 가족과 함께 건강하게 성장하시길 응원한다.

읽기와 필사, 그리고 음악

충주 산속으로 일주일간 캠프를 떠나는 민근이를 인천터미널로 태워다 주었다.

"엄마, 커피 사줄까?"

터미널에서 민근이가 사주는 카페라테를 마셨다.

"다른 날보다 더 감칠맛이 나는데?"

좋아서 히죽거리는 민근이를 따라 나도 웃었다. 출발 시각이 되어 민근이를 버스에 양보하려는 순간,

"엄마, 나 없이 일주일 동안 괜찮겠어? 안 보고 싶겠어?"

엄마를 두고 가는 게 미안한 모양이다. 까닭이야 잘 알지만, 늘 자신보다 엄마를 더 생각하는 녀석이 가끔은 부담스럽다.

'미안해. 네가 빨리 버스 타고 가주는 게 엄마는 좋아. 주말 동안 할 일이 많아. 그리고 매일매일 사랑스러운 똥깡쥐들이 오는데 네 생각이 왜 나니?'라고 말해주고 싶었으나 눌렀다. 그런데 민근이도 이미 알고 있었다.

"공부하러 오는 동생들이 있어서 다행이야!" 하는 걸 보니.

잘 다녀오라고 엉덩이를 톡톡 해주었다. 그리고 속내를 전했다.

"나는 왜 너를 어디에 내다놔도 걱정이 안 될까? 너무 듬직해. 아직 아동인데 말이야. 내가 공부에 매진할 수 있도록 해주는 너의 이런 지원이 제일 감사해!"

민근이는 어릴 때부터 아무리 마음에 안 들거나 화나고, 짜증 나는 일이 있어도 말로 하는 아이였다. 태교도 모차르트로 했고, 음악을 늘 가까이할 수 있도록 키운 덕분이다. 무엇보다 초등 저학년 때부터 시를 읽히고, 고전을 소리 내어 읽히고 필사를 시킨 덕분이다.

그전에는 몰랐었다. 책, 글자의 힘을! 그저 책 많이 읽혀 똑소리 나는 아이로 키우고 싶었다. 공부 잘하는 아이로 키우고 싶었다. 이제는 안다. 민근이의 차분함과 여유의 원천, 힘든 일이 있어도 빠르게 변환시키는 회복탄력성의 원천, 그리고 꿈을 향한 도전과 사회성의 원천을!

　내가 독서치료사의 길로 들어선 이유이기도 하다. 그러함에도 불구하고 애늙은이가 아니길 바란다.

💡 임상심리사의 분석

어린 시절부터 시를 읽고, 고전을 소리 내어 읽으며 필사하는 과정은 집중력과 자기조절 능력 향상에 크게 기여한다. 음악, 특히 태교 때부터 들려준 모차르트 같은 클래식 음악은 뇌의 정서 조절과 안정에 도움을 주며, 스트레스 내성을 키우는 데 긍정적 영향을 준다.

글쓰기와 음악이 힘든 상황에서도 빠르게 감정을 전환하고, 스트레스를 극복하는 힘의 근원이 되었다고 볼 수 있다. 이는 회복탄력성 발달에 매우 중요한 요소로, 어려움을 만나도 좌절하지 않고 건강하게 성장하는 데 필수적이다.

엄마의 사랑과 독서치료사의 철학이 접목된 양육 환경에서 아들이 스스로 공부에 매진하고 꿈을 향해 나아가는 모습이 보여진다. 이는 '나는 할 수 있다'는 자아효능감을 높여주며, 자기주도적 학습과 성장 마인드셋 형성에 중요한 밑거름이 된다.

읽기와 필사, 음악은 단순한 학습 활동을 넘어 아들의 정서 안정, 자기조절, 사회성, 자아 효능감을 키우는 '심리적 자원'이 되어주고 있다. 엄마의 세심한 양육 철학과 환경 조성 덕분에 내적 동기와 회복탄력성을 갖춘 건강한 아이로 자라고 있음도 알 수 있다. 이런 경험과 양육 방식은 앞으로도 아들이 복잡한 세상 속에서 자기 자신을 잘 돌보고, 꿈을 향해 나아가며 행복한 삶을 꾸리는 데 든든한 기반이 될 것이다.

링컨학교 비전캠프

6박 7일간 진행되는 비전캠프 활동 소식을 사진으로 봤다. 지난 토요일 녀석이 떠난 후 까맣게 잊고 있었다. 지인들이 '아들 없어서 외롭겠다. 보고 싶겠다.'라며 보내는 톡이 민망할 정도로 내 일에 빠져 있었다.

민근이가 어릴 적부터 그랬다. 캠프든 뭐든 일단 집을 나가면 잊어버렸다. 그러한 데에는 여러 가지 이유가 있겠지만 일단 어딜 보내든 그곳을 믿기 때문이고 민근이를 믿기 때문이다.

이번 캠프도 60여 명의 청소년들이 전국에서 왔다고 한다. 캠프를 담당하는 아침 지기 선생님이 늘 감사하다. 강당에서 체조를 하는 사진 속 모습만 봐도 하트가 뿜뿜이다. 그러나 요 녀석들을 데리고 일주일을 지낼 선생님들은, 얼마나 고생하실까! 생각만 해도 죄송스럽고 감사한 마음이 차오른다.

나는 새벽을 닮은 사람을 좋아한다. 아침의 신선한 향을 내뿜는 사람을 좋아한다. 고도원 선생님이 그러하고 아침지기 선생님 또한 그런 분이다. 그래서 방학 때마다 될 수 있으면 민근이를 맡긴다.

링컨학교에서는 그냥 꿈을 말하지 않는다. 꿈 너머 꿈을 말한다. 무엇이 되고 싶은지, 왜 되고 싶은지, 그래서 어떤 사람이 되고 싶은지를 말한다. 명사형이 아니라 서술형으로 말한다. 명확한 그림을 그린다. 이러한 프로그램은 삶의 의미와 목적을 스스로 발견하도록 이끌어준다. 자기주도적이며 사회에 기여하는 인재로 성장할 수 있도록 돕는다. 깊은 산속 옹달샘이 가진 이러한 교육 철학 덕분에 민근이가 성장하는 부분도 많다.

또 하나는 스마트폰이다. 세상은 갈수록 도파민에 휩싸여 헤어날 줄을 모르고 늘어나는 것은 새로운 유형의 ADHD다. 링컨캠프는 일주일간 스마트폰 사용이 금지된다. 디지털 디톡스에 대한 시간을 갖는 것이다.

"엄마, 처음에는 폰도 없이 어떻게 일주일을 견디지? 했는데 너무 재밌어. 밥도 맛있고."

민근이는 캠프를 통해 스마트폰 없이도 할 일이 많다는 걸 자연스럽게 깨달았다. 아침 지기 선생님께서 몰입과 중독의 차이, 그리고 디톡스가 필요한 이유를 설명해 주신 덕분도 있으리라. 아침지기 선생님은 뵐 때마다 여유롭고 조용하신 분이다. 이런 여유가 아이들에게 얼마나 큰 영향을 미치는지 잘 안다. 나도 그런 엄마가 되려고 늘 노력한다.

든든한 소나무 같은 링컨학교, 민근이가 초등학교 5학년 때인, 2019년부터 보내기 시작했는데 그동안 더 많이 보내지 못한 것이 못내 아쉽다.

💡 임상심리사의 분석

글에서 느껴지는 따뜻한 신뢰와 깊은 애정이 인상적이다. 아들이 링컨학교 비전캠프를 통해 성장하고, 엄마도 그 과정을 믿고 지지하는 모습이 매우 건강한 관계와 발달 환경을 보여주고 있다.

'어딜 보내든 그곳을 믿고, 민근이를 믿는다'라는 표현은 부모와 자녀 간 신뢰가 매우 견고하다는 뜻이다. 애착이 안정적인 아이는 새로운 환경에서도 자신감을 가지고 도전할 수 있으며, 스트레스 상황에서도 심리적 안정을 빨리 찾는 것은 당연하다.

링컨학교에서 '꿈 너머 꿈'을 서술형으로 명확히 그려보는 활동은 자기 탐색과 자기 이해를 돕고, 미래에 대한 주도적 계획 수립에 기여한다고 볼 수 있다. 청소년기는 자율성과 정체성 확립이 중요한 시기인데, 캠프가 이를 촉진하는 역할을 하고 있는 것으로 보인다.

일주일간 스마트폰 사용을 금지하는 디지털 디톡스는 ADHD 및 주의력 분산 문제를 완화하는 데 도움을 준다. 몰입과 중독의 차이를 배우며 자신의 행동을 인식하는 메타인지 능력도 함께 성장할 것이다.

'아침지기 선생님의 여유로움과 조용함'이 아이들에게 긍정적 영향력을 끼친다는 점은, 안정된 역할 모델이 정서적 안정과 자기 조절에 중요한 역할을 함을 시사한다. 엄마도 그런 여유로운 존재가 되려고 노력하는 모습은 가족 내 건강한 정서적 분위기 형성에 기여를 한다.

아들은 안정적 애착과 신뢰 속에서 자신의 꿈과 정체성을 찾아가고 있으며, 링컨학교 비전캠프는 이 과정을 체계적이고 깊이 있게 지원해 주는 중요한 성장 터전이다. 엄마의 믿음과 지지가 아들의 자율성과 회복탄력성을 키우는 든든한 기반이 되어 주고 있음을 알 수 있다. 앞으로도 이런 좋은 성장 환경과 경험을 통해 아들이 더욱 건강하고 자기다운 인생을 설계해 나갈 수 있길 응원한다.

두 번의 생일 축하

"와~ 드디어 집에 왔구나. 역시 집이 좋아. 집 냄새가 너무 좋아. 우와! 미역국 냄새다!"

지난 금요일, 캠프에서 돌아온 민근이가 처음으로 한 말이다.

"집이 좋지? 네가 어딜 가든 엄마는 항상 이렇게 집에 있을 거야. 미역국이든 된장찌개든 끓여 놓고!"

지난주가 생일이었는데 캠프에 가 있었던 터라 친구들과의 시간을 보내지 못했었다. 서운한 친구들이 오늘 우르르 몰려왔다. 늘 조용하던 집이 시끌벅적하다. 현관의 반을 차지한 벗어 놓은 신발들이 아이들만큼이나 사랑스럽다.

올해 녀석의 생일은 참으로 특별했다.

"엄마, 생일을 캠프에서 보내게 되어 쓸쓸할 줄 알았는데 더 많은 축하를 받았어. 이런 생일 처음이야. 평생 기억될 것 같아."

캠프에 참가한 모든 아이들이 생일 축하 노래를 불러 주었고 녀석은 울었다고 했다. 고도원 선생님께 축하를 받았고, 강당에 모인 캠프 참가자 전원이 노래를 불러 주었으니 눈물이 날 만도 했겠다. 이번 캠프는 정말 특별했다는 아들의 말에 감사함이 밀려왔다. 고도원 선생님께서 생일 선물로 책을 주셨는데, 자신도 이 타이밍을 놓치지 않고 이번에 출판한 시집을 드렸다고 한다.

짜슥! 센스쟁이!

생일이라고 식단을 바꾸어 미역국을 끓여 주신 옹달샘 음식연구소 선생님들께 감사를 드린다. 기꺼이 아이들을 위해 자원봉사 해주신 대학생분들께 감사를 드린다. 가장 고생하시는 아침지기 김재덕 선생님께도 감사를 드린다.

아프리카 속담에, '한 아이를 키우려면 온 마을이 필요하다'라는 말이 있다. 민근이가 건강하게 성장하고 있는 것은 많은 분들의 격려와 지지, 그리고 친구들의 사랑 덕분이다.

💡 임상심리사의 분석

캠프 참가자 모두가 함께 생일 축하 노래를 불러주고, 고도원 선생님께서 직접 축하와 선물을 전하는 장면은 민근이가 '자신이 소중한 존재임'을 체감하는 순간이다. 이는 '소속감'의 충족으로, 청소년의 정서적 안정과 자아존중감 형성에 매우 중요한 역할을 한다.

집에서 맡는 '미역국 냄새'와 친구들의 방문은 아들에게 '안전기지'의 존재를 상기시켜 주었을 것이다. 캠프에서의 경험과 집, 그리고 주변 사람들의 격려와 사랑이 서로 보완하며 심리적 안정감도 역시 높아졌을 것이다.

'평생 기억될 특별한 생일'이라는 인식은 긍정적인 자기 경험으로 내면화되어 자아정체성 형성에 기여한다. 이런 의미 있는 경험은 아들의 자기효능감과 미래 지향적 태도를 키워준다.

아들과 산에 오르는 이유

사춘기 아들을 데리고 산을 오르는 일은 만만치가 않다. 가장 힘든 것은 기다리는 것이다. 매주 일요일, 오전 7시에 오르던 것이 올해부터는 9시로 바뀌었다. 잠이 많아지니 어쩔 수가 없다. 그런데 자는 시간 또한 예전보다 점점 늦어지더니 11시를 넘기는 날이 늘어난다. 예전에는 늘 10시에는 잠자리에 들었고, 아무리 늦어도 10시 30분에는 자던 녀석이었다.

딱 사춘기다. 9시에 산을 오르니 정상은 이미 해가 중천이다. 오늘은 8시에 가기로 약속을 했었는데 한 시간이나 늦었다. 8시, 알람 소리가 울렸고 녀석은 일어났다. 그런데 이내 조용하다. 이것은 다시 누웠다는 얘기다.

거실로 나가 방문이 열린 녀석의 방을 들여다봤다. 아니나 다를까 자고 있다. 한참을 서서 바라봤다. '그래, 기다려 주자. 더 자게 두자. 9시에 출발하지 뭐!' 그리고 커피를 마시며 독서심리지도사 과정 복습을 했다. 이어폰을 끼고 조용히 식탁에 앉아 강의를 들었다. 이왕 더 자게 하는 거 꿀잠을 방해하고 싶지 않았다.

8시 40분쯤 깨웠다. 9시에 출발하려면 20분 전에는 일어나야 한다. 일어나면 아침마다 화장실 가는 루틴이 있는 녀석이라 그렇다. 그런데 일어난 녀석의 표정이 오만상이다. 옆에 있으면 나에게 전이될까 봐 먼저 주차장으로 내려갔다. 9시까지 내려오라는 말을 남기고.

차에서 기다리는 동안에도 계속 수업을 들었다. 이렇게 하는 이유는 녀석을 기다리는 내 마음을 진정시키기 위해서다. 마음이 불편해지면 그 불편함을 조율하는 나만의 방식이 있다. 연구실에서 조용히 수학 문제를 풀거나 책을 읽거나 필사를 하는 것이다.

그러나 몇 달 전부터는 독서심리사 수업을 듣는다. 이 방법이 가장 효과적이다. 심리수업이므로 마음을 다스리게 된다. 결국 녀석은 9시 10분이 되어서야 주차장으로 내려왔다. 아무 말 않고 출발했다. 10분 늦었지만 내려왔으니 된 것이다.

ABC 행복 학습센터 쪽으로 오르는 소래산 초입은 오르막이라 굉장히 가파르다. 그 길을 녀석은 뛰어서 올라갔다. 뛰어가는 녀석의 뒷모습에서 미안해하는 마음을 충분히 느낄 수가 있었다.

'엄마, 약속 시간도 안 지키고 아침부터 짜증 내서 미안해. 이렇게 열심히 오를게!'

이렇게 말하고 있는 듯했다. 그러나 정상까지 오르는 동안 나는 아무 말도 하지 않았다. 산을 오르는 걸음걸음에 혼자만의 생각을 얹어 걷기를 바라는 마음에서 그랬다. 엄마에게 미안한 마음이 아니라 자신에게 미안해하며 스스로를 돌아봤으면 하는 마음에서 그랬다. 정상에서 인증 샷을 남기고 내려오는 길, 무릎이 아프다며 잠시 멈추는 녀석을 기다려주었다. 그리고 다시 내려가면서 말했다.

"삼풍백화점, 성수대교, 그리고 세월호 사고 다 알지?"
"응, 그거 전부 부실 공사잖아."
"그래, 맞아. 부실공사에 기본을 무시했기 때문이지. 지금 너의 몸도 마찬가지야. 상체의 무게를 하체가 버텨내지를 못해서 무르팍이 아픈 거야. 그래서 너는 일주일에 한 번은 등산을 해야 해. 하체를 튼튼하게 해주는 것은 등산이 최고야. 엄마도 외할머니를 닮아 하체가 부실해. 엄마가 등산을 꾸준히 하는 이유기도 해. 그런데 등산은 하체뿐만 아니라 정신도 단단하게 해줘. 그래서 엄마는 산을 좋아해."

이 말에 녀석의 손이 내 어깨를 살짝 감싸며 토닥거린다. 이 제스처는 엄마의 말에 공감했고, 감사하다는 의미다. 그다음부터 녀석의 입이 참새가 된다. 엄마의 어린 시절과 외할아버지와 외할머니에 대한 질문이 줄줄이다. 녀석이 어릴 때부터 나의 어린 시절과 부모님에 대한 얘기를 참 많이 들려주었었다. 그래도 여전히 궁금한 것이 많은 걸 보면 엄마인 내가 좋은 거다.

 아침 시간, 한 시간 정도 기다려줬을 뿐이고 화를 내지 않았을 뿐인데 이렇게 예쁜 마음으로 다가와 주는 녀석. 오히려 내가 더 고맙고 감사하다.

엄마에게 새끼는 뭘까?

"엄마, 동주가 주말마다 산 오르는 거 왜 얘기 안 했냐고 합류하고 싶다는데?"
"합류하면 되지!"

지난주, 베프 중 태권도를 같이 다니는 동주와 톡을 주고받던 녀석이 고개를 들어 물었다. 그렇게 해서 오늘은 친구 녀석이 따라붙었다. 습관이 잘 잡히면 이제 둘이 산을 오르도록 해야겠다는 기대가 슬쩍 지나갔다.

'엄마에게 새끼는 무얼까?'

나란히 걷는 뒷모습이 폰을 자꾸 꺼내게 하고 든든한 그 모습을 놓칠세라 카메라를 들이대게 만들었다. 소래산을 들어서는 입구는 가파른 오르막인데 거기를 신나게 뛰어간다.

아침이다. 녀석들의 뛰는 모습에서 아침을 본다. 시간이 아니라 두 녀석에게서 아침을 본다. 폰을 든 내 손도, 녀석들을 뒤따르는 걸음도 흐뭇한 순간이다.

'언제 저렇게 컸을까!'

 두런두런 나누는 대화가 소래산으로 스민다. 내 가슴으로 스민다. 밤새 내린 비가 스며들 듯 그렇게. 어느새 든든함을 내뿜는 나무 두 그루다. 이게 이렇게 감동할 일일까? 호수에 안개가 피어오르듯 가슴에서 몽글몽글 뿌듯함이 피어오른다.

 세상에 태어나 책 한 권쯤 남기고 가야겠지만 새끼를 남기고 가는 것은 또 다른 벅차오름이다. 적어도 엄마인 나에게는 그렇다. 새끼는 감당할 수 없는 설렘이다.

💡 임상심리사의 분석

'엄마에게 새끼는 무얼까?'라는 질문에서 보듯, 아이에 대한 깊은 애착과 사랑이 드러난다. 아이들을 '내 삶의 일부'로 여기고, 함께 하는 시간에 의미를 두며, '든든함'을 느끼는 것은 안정 애착형 양육자 특유의 특징이다. 아이가 성장하는 모습에 감동하고 뿌듯함을 느끼는 순간들은 '내면화된 양육자'의 역할을 수행하며, 이는 아이에게 심리적 안정감을 준다.

사춘기는 자율성과 독립성을 추구하는 시기로, 부모와 자녀 사이에 긴장과 갈등이 생길 수 있다. 글에서 '합류하면 되지!' 하며 친구가 함께하는 상황을 자연스럽게 받아들이고, 함께 산을 오르는 모습을 기쁘게 여기는 태도는 '유연한 관계 조정'과 '자율성 존중'의 심리적 과정이다. 또한, '습관이 잘 잡히면 둘이 오르도록 해야겠다'는 기대는 자녀의 성장에 맞춘 점진적인 분리와 독립 지원을 보여준다.

'언제 저렇게 컸을까!', '가슴에서 몽글몽글 뿌듯함이 피어오른다'와 같은 문장들은 내적 대화와 자기감정에 대한 높은 인식과 수용을 보여준다. '감당할 수 없는 설렘'은 모성 본능에서 비롯된 강렬하고 벅찬 긍정적 정서로, 이는 자녀의 존재를 통해 느끼는 깊은 '애착 보안감'을 나타낸다.

'세상에 태어나 책 한 권쯤 남기고 가야겠지만 새끼를 남기고 가는 것은 또 다른 벅차오름이다.'라는 문장은, 부모로서 아이를 키우는 행위가 인생의 중요한 의미를 구성한다는 인식을 드러낸다. 이는 부모 정체성과 삶의 의미 강화로, 삶의 목적과 방향성을 자녀를 통해 확인하는 과정이다.

이 글은 사춘기 아들을 키우며 겪는 감정과 관계를 매우 건강하고 성숙한 심리적 상태에서 표현한 것으로 보인다. 감정 표현이 자연스럽고, 내면의 설렘과 뿌듯함이 '자기 돌봄'과도 연결되어 있어 양육 스트레스도 건강하게 조절하고 계신 듯하다.

제대로 공부하는 방법

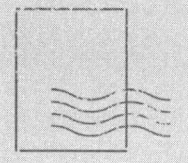

민근아, 엄마가 자꾸 얘기하면 잔소리가 될까 봐 애써 참는데, 이 말은 꼭 해주고 싶어.

네가 소래산을 올라간 건 네 다리와 발, 발가락을 직접 움직인 덕분이야. 공부도 마찬가지야. 네가 원하는 성적을 받으려면 너의 팔, 손, 그리고 손가락을 직접 움직여야 해. 암기 과목이든 영어 단어든, 수학 오답 노트든 직접 쓰면서 공부해야 한다는 말이야.

그렇게 손으로 써가며 공부하면 단순히 노트에 글씨를 쓰는 것 같지만, 사실은 너의 뇌에 차곡차곡 새겨지는 거야. 그래야 소래산 정상에 오르듯 공부라는 정상에 오르게 돼. 소래산을 눈으로만 보면 정상에 오를 수 없듯이, 공부도 같은 이치야. 눈으로 훑어보기만 하는 건 그냥 '지나가는 지식'일 뿐이야.

그 지식을 진짜 네 것으로 만들려면 '지식화'를 시켜야 해. 그 방법이 바로 읽으면서 쓰는 거야. 지식은 내가 다 아는 것 같고, 다 안다는 착각을 불러일으키기 쉽지만, 지식화는 그걸 진짜 내 것으로 만드는 과정이지. 엄마는 네가 이 방법을 꼭 실천해 봤으면 좋겠어.

_아들에게 쓴 편지

💡 임상심리사의 분석

아들과 함께 산에 오르는 이야기가 너무 따뜻하고 섬세해서 마음이 뭉클해진다. 이 글을 심리학적으로 살펴보면 엄마와 아들 사이의 애착과 소통, 그리고 성장 과정이 잘 드러나 있음을 볼 수 있다.

엄마가 아들을 기다려주고 화내지 않고 여유를 가지며 이해하는 태도는 아들이 자신을 존중받고 신뢰받고 있다는 느낌을 받게 한다. 이는 안정적인 애착 관계를 강화하여, 아들이 스스로를 돌아보고 내면 성장을 할 수 있는 토대가 되어준다.

엄마가 수업을 들으며 마음을 진정시키는 자기 조절 행동은 아들에게도 감정을 다루는 건강한 방법을 간접적으로 보여주는 모델링이다. 이런 모습은 자녀가 자신의 감정을 긍정적으로 다룰 수 있는 역량을 키우는 데 도움을 준다.

약속 시간보다 늦었지만 꾸짖기보다 기다려주고, 아들이 스스로 미안해하는 마음을 갖게끔 여지를 주는 점은 아들의 자율성을 존중하며 책임감을 자연스럽게 길러주는 좋은 방법이다.

산행 중 엄마가 몸 건강과 정신건강을 연결해 설명하고, 아들이 엄마 어깨를 토닥이며 반응하는 장면에서 상호 공감이 느껴진다. 이런 공감적 대화는 관계 친밀감을 높이고 정서적 안정에 크게 기여할 것이다.

산행이라는 일상적 활동을 통해 신체 건강뿐 아니라 아들이 자신의 몸과 마음을 돌보는 태도를 배우고, 엄마와의 대화를 통해 세대 간 경험과 지혜가 자연스럽게 전해지는 점도 의미가 깊다.

엄마의 섬세한 배려와 기다림, 그리고 아들의 마음을 존중하는 태도가 사춘기라는 변화기에도 두 사람의 관계를 든든하고 건강하게 유지시키고 있다. 이런 경험들이 아들의 자기이해와 성장에 큰 밑거름이 될 것이다.

권위적이면서도 사랑이 담긴 양육 태도를 보여주는 편지에서는 엄마가 아들에게 구체적이고 명확한 행동 지침을 주면서, "네가 원하는 성적을 얻으려면 이렇게 해야 한다"라는 점을 강조한다. 이는 엄격한 요구와 기대를 담고 있지만, 동시에 사랑과 관심이 배어있는 모습이다. 심리학에서 권위적 양육은 자녀의 자기통제력과 학업 성취에 긍정적인 영향을 미치는 양육 태도로 알려져 있다.

공부는 단순히 반복적인 행위가 아니라, '눈에 보이는 것과 보이지 않는 것을 연결'하는 과정임을 설명하며, 체계적인 사고와 논리적인 인과 관계를 스스로 깨우치도록 유도하고 있다. 공부가 단지 '시험 성적을 위한 외적 보상'이 아니라, '지식을 내 것으로 만드는 과정'이라는 의미를 부여하여, 아들이 공부에 대한 내적 동기를 갖도록 하려는 엄마의 심리적 전략이 엿보인다. 이는 자율성 이론에서 강조하는 내재적 동기의 핵심 요소이다. 그러므로 엄마가 심리학적으로도 매우 효과적인 학습 지도와 양육 방식을 취하고 있음을 알 수 있다.

구체적이고 실천 가능한 학습 전략 제시, 자기효능감과 내재적 동기 강화, 메타인지 발달 촉진, 그리고 자율성과 독립성 존중의 균형까지 고루 갖추고 있다. 또한, 엄마의 따뜻한 관심과 애정이 바탕에 깔려 있어, 아들이 건강한 자기주도 학습자로 성장할 수 있는 좋은 환경임을 보여준다.

Part 5

- 너의 멋짐도 사진에 다 안 담겨
- 내가 알아서 할게!
- 한 학기 동안 고생했어!
- 아들의 서울 나들이
- 가끔은 잠시 헤어짐이 필요하다
- 아들의 현실적인 질문
- 눈 딱 감고
- 네 행복이 우선이야

너의 멋짐도 사진에 다 안 담겨

예비 초등 6학년 수업이 끝나갈 즈음 톡이 울렸다. 이름하여 '우리 집 보물 금쪽같은 내 새끼'에게서 날아온 톡이다. 바다 위로 석양이 내려앉은 풍경을 공유해 왔다. 학원이 끝나고 오는 길, 노을이 너무 예뻐 중간에 버스에서 내려 찍었단다. 어릴 적부터 이런 감성을 가진 아이라 늘 감사하고 고맙다.

"역시, 사진 찍는 솜씨가 예술이야!"
"어우, 노을이 진짜 예쁘더라고!"
"노을이 울 민근이만큼 사랑스럽구만!"
"사진에 다 안 담겨. 너무 예쁜데."
"너의 멋짐도 사진에 다 안 담기더라!"

모자간의 대화가 너무 오글거리지만, 우리는 이렇게 자주 톡을 주고받는다. 물론 가시 같은 대화를 주고받을 때도 당연히 있다. 민근이는 사진을 잘 찍는다. 사물을 보는 관점이 조금 남다르다. 그래서 몇 년 전부터 녀석에게 부탁을 했었다.

"네가 찍은 사진 아래에 그때의 감정을 몇 줄씩 쓰고 파일로 만들어 둬. 엄마가 사진첩으로 출간하고 싶어."

그런데 아직 무소식이다.

💡 임상심리사의 분석

이 글에서도 엄마와 아들 사이의 따뜻하고도 현실적인 소통이 잘 드러난다. 심리학적으로 분석해 보면 다음과 같은 의미들이 숨어있다.

'우리 집 보물 금쪽같은 내 새끼'라는 애칭과 톡으로 주고받는 다정한 대화는 모자간에 친밀한 정서적 유대감을 잘 유지하는 모습을 볼 수 있다. 톡 대화에 농담과 유머가 섞여 있으면서도 서로의 감정과 존재를 인정하는 '비공식적 애착'이 형성되어 있다.

'어릴 적부터 이런 감성을 가진 아이라 늘 감사하고 고맙다.'는 부모가 자녀의 개성과 감성을 존중하고 인정하는 태도를 보여주고 있다. 아들이 찍은 사진과 그 감정을 기록하길 바라는 마음은 아이의 창의력과 자아 표현을 지지하는 '양육 태도'로 해석할 수 있다.

'사진첩으로 출간하고 싶어'라는 기대를 자녀에게 전했지만 '아직 무소식'인 점에서, 부모로서 약간의 기다림과 아쉬움이 느껴진다. 이 부분은 부모의 '기대와 현실 불일치'로 인한 미묘한 심리 상태를 반영하며, 자녀의 자율성과 부모의 욕구 사이의 균형을 고민하는 모습이다.

사진과 감정을 기록하라는 부탁은 자녀가 자기표현을 스스로 조직하고 책임지도록 하는 '자율성 지원'의 한 예이다. 아직 시작하지 않았더라도, 부모가 이런 제안을 통해 자녀의 성장 가능성을 응원하는 모습은 긍정적으로 작용한다.

이 글은 사춘기 전후 아이와 엄마 사이에 형성된 정서적 친밀감과 유연한 소통을 보여주면서도, 부모가 가진 기대와 현실 사이의 미묘한 긴장감을 은근히 드러내고 있다. 모자의 관계가 '친구 같은 편안함'과 '부모와 자녀 역할' 사이에서 자연스럽게 균형 잡히고 있음도 알 수 있다.

내가 알아서 할게!

드디어 나왔다!
"내가 알아서 할게!"

중3, 낭랑 16세! 지난 6월 초부터 하는 말,

"내가 알아서 할게!"

사춘기의 위태위태한 파도처럼, 녀석의 일상은 예측 불허다. 매 끼니 삼부자 댁 머슴밥처럼 먹어 치우고, 잠드는 시각은 새벽 1시를 넘기곤 한다. 겨우 학교 지각을 면할 정도로 일어나며, 컨디션은 시시각각 변한다. 하루에 두어 번씩 짜증이라는 감정도 툭 던진다.

거울을 보며 종종, "아~ 잘생겼다!"를 외치는 것으로 보아 자아도취에 빠진 것이 분명하다. 대화는, 언제 예민하게 굴지 모르니 조심조심, 무조건 '경청 + 고개 끄덕끄덕 = 그랬구나'의 공식으로 하는 것이 지혜로운 방법이다. 조금이라도 기분 좋은 아침이기를 바라는 마음으로 일어날 시각에 맞추어 가끔 발바닥 주물러주기.

남편은 사춘기를 겪지 못했다. 아버님이 가족들을 힘들게 하는 바람에 자신의 감정도 드러내지 못한 채 꾹꾹 누르며 어머니와 동생을 늘 챙겨야 했기 때문이다. 그런 남편이 오춘기가 왔고 퇴직 후 산속으로 들어갔다. 퇴근만 하면, 주말마다 〈나는 자연인이다〉를 시청하더니 진짜로 자연인이 되었다.

이러한 까닭에 민근이도 혹시 사춘기를 겪지 못하고 지나칠까 봐 내심 걱정했었다. 그런데 이번 달부터 방에서 사춘기 특유의 기운이 피어나기 시작했고, 마침내 사춘기들이 가장 많이 하는 말, '내가 알아서 할게!'가 터져 나왔다. 그 순간, 오히려 흐뭇하고 다행스럽다는 생각이 들었다. 돌이켜 보니 나 역시 친구들보다 생리도, 사춘기도 늦게 겪었던 터라 그 걱정은 '괜한 기우였나' 싶었다. 아무튼, 민근이가 제 나이에 맞는 성장통을 겪고 있다는 사실에 안도감이 밀려온다. 녀석이 짜증을 내고 투덜거릴 때마다 나는 오히려 행복하다.

인간은 제 나이에 맞는 성장통을 겪고 충분히 표출하며 자라야 한다. 그렇지 않으면 그 시기를 건너뛴 감정들은 언젠가 반드시 다른 형태로 터져 나오기 마련이다. 어린 시절, 엄마에게 떼 한 번 써 보지 못하고 애어른처럼 자란 아이들은 성인이 되어 연인에게, 혹은 결혼 후 배우자에게 뒤늦은 투정이나 응석을 부리곤 한다. 순서만 다를 뿐이다. 만약 성인이 되어서도 그런 감정들을 계속 억누른 채 살아가면 결국 '화병'이 찾아올 것이고, 그 화병은 시간이 흘러 우울증으로 이어질 수 있다. 결국, 제대로 터져 나오지 못한 감정들이 쌓인 삶은 불행할 수밖에 없다.

정신분석학자 에릭 에릭슨은 "삶이라는 것이 특정 방향으로 가야 한다는 요구로부터 떨어져 나와 삶을 사는 이가 지혜로운 사람"이라 말했다. 정신과 전문의 채정호 교수는 이 말을 "약간 엉뚱하다"라고 표현했지만, 나는 에릭 에릭슨의 심리사회적 발달단계를 깊이 이해하고 공감하기에 그의 말에서 다른 의미를 찾는다. 요즘 나는 민근이에게 찾아온 찐한 사춘기가 반갑고 고마울 따름이다.

💡 임상심리사의 분석

이 글에는 엄마로서의 깊은 통찰과 사춘기 자녀를 바라보는 따뜻한 시선이 녹아있다.

'내가 알아서 할게!'라는 말은 청소년이 '자율성'을 획득하려는 대표적인 신호이다. 에릭 에릭슨이 말한 청소년기의 핵심 과제인 '정체성 대 역할 혼미' 단계에서 자신만의 정체성과 독립성을 확립하려는 과정임을 보여준다. 엄마가 이 신호를 '흐뭇하고 반갑게' 받아들이는 태도는 긍정적인 자율성 지원으로, 아이의 건강한 심리 발달에 매우 중요하다.

짜증과 투덜거림, 불규칙한 생활 패턴은 사춘기에 흔히 나타나는 정서적 불안정의 표현이다. 엄마가 '오히려 행복하다'라고 표현한 것은 이 감정 표출 자체를 '성장 징후'로 받아들이는 심리적 수용 태도로, 자녀의 정서 조절 능력 발달에 긍정적 영향을 준다.

남편분의 오춘기 경험과 대비해 아들의 사춘기를 지켜보는 것은, 가족 내 정서적 역사와 성장의 연속성을 인식하는 과정이다. 부모 세대가 겪지 못한 정서적 성장이 자녀 세대에서 이뤄지고 있음을 인정하며, 건강한 정서 발달에 대한 희망과 기대를 반영한다.

'인간은 그 나이에 맞게 할 건 하고 성장해야 한다'는 인식은 사춘기를 심리적 성장의 필수 과정, 즉 통과 의례로 이해하는 관점이다. 억눌린 감정이 나중에 '화병', '우울증'으로 나타날 수 있다는 점을 인식하고, 현재 감정 표출을 긍정적으로 수용하는 것은 예방적 심리학의 측면에서도 매우 건강한 태도이다.

에릭슨의 '특정 방향으로 가야 한다는 요구로부터 떨어져 나와 삶을 사는 이가 지혜로운 사람'이라는 인용은 심리적 유연성과 자기수용의 중요성을 강조한다. 엄마가 이 말을 '다르게 해석'하며 공감하는 모습은 삶과 자녀 성장에 대한 깊은 통찰과 내면화된 심리적 안정감을 드러낸다.

이 글은 사춘기 자녀를 둔 부모가 경험하는 복합적인 감정과 걱정, 기대, 수용, 기쁨이 조화롭게 녹아 있는 심리적 성찰로 읽힌다. 아들의 '내가 알아서 할게'라는 말은 단순한 독립 선언이 아니라, 건강한 자아정체성 형성과 성장의 신호로서, 엄마의 수용과 지지는 자녀의 심리적 건강에 큰 힘이 된다.

한 학기 동안 고생했어!

 기말고사가 끝나고 성적도 대부분 나왔다. 방학은 아니지만 1학기가 마무리되었다는 의미다. 3월부터 하루도 빠짐없이, 꼬박꼬박 학교 다니느라 고생한 민근이와 오랜만에 외식을 했다.

 식당은 녀석이 원하는 곳으로, 메뉴 예약은 내가 했다. 집에서 가까운 시흥 프리미엄 아울렛, 줄여서 '신시아'라고 부르는 곳에 위치한 '아웃백'으로 갔다. 주말이라 북적거릴 것을 대비해 이틀 전에 홈페이지를 방문했음에도 불구하고 기본 메뉴는 이미 예약이 꽉 차 버린 상태, 하는 수없이 100g에 24,000원이나 하는 '토마호크' 830g으로 예약을 했다.

 한 끼 식사로는 후덜거리는 가격이다. 하지만 한 학기 동안 고생한 녀석을 생각하면 이 정도의 후한 격려는 필요했다. 이러면 대부분, '어머~ 민근이가 기말고사 성적을 잘 받았나 보네.'라고 짐작들을 하신다. 녀석의 성적은 본인이 욕심내는 곳은 교문 입구도 아니고 먼발치에서 그저 바라만 봐야 할 정도다. 그림의 떡인 셈이다. 옆에서 보기에 딱하다. 물론 이 걱정은 녀석의 몫이지만 말이다.

어찌되었든 엄마로서 그저 아침에 일어나 가방 메고 등교해 준 것만으로도 고마울 뿐이다. 사춘기라 아침에 일어나는 것이 얼마나 죽을 맛인지 잘 알기 때문이다. 기말고사가 끝난 지난 6월 말경, 내가 먼저 밖에서 식사를 제안했었다. 해줄 말이 있었기 때문이었다.

녀석이 공부하는 걸 옆에서 지켜보면서 작년과 비슷한 성적이 나올 것이라는 예측을 했고, 꼭 짚고 넘어가야 할 녀석의 습관이 포착되었기 때문이었다. 하지만 녀석의 습관에 대해 대놓고 지적하고 싶지는 않았다. 그저 엄마인 내가 늦은 나이에 공부하는 이유와 혹시나 열심히 사는 엄마로 인해 부담이 되지는 않을까 염려스러운 마음을 전하는 것으로 역공격(?)을 하고 싶었다.

심리학에서는 할 이야기가 있을 때, 무조건 배불리 먹인 후에 하는 것이 좋다고 한다. 그래서 녀석이 원하는 식당을 흔쾌히 오케이 했고 기분 좋은 대화를 위해 예약을 한 것이다. 식사가 나오자 녀석은 사진부터 찍었다. 그런 녀석에게 격려의 말을 던졌다.

"한 학기 동안 학교 다니느라 고생 많았어. 맛있게 먹어~"
이미 스스로 마음에 들지 않는 성적을 받았다는 것은 잘 알고 있는 터, 굳이 한 번 더 확인 사살 할 필요는 없었다. 해서 식사가 끝나갈 즈음 내가 공부를 하는 이유에 대해 말했다.

"민근아, 엄마는 적어도 너에게만은 괜찮은 엄마가 되고 싶어. 물론 엄마 꿈도 있으니까 열심히 살지. 엄마는 40 중반까지는 너무 철이 없었고, 아무 생각 없이 산 것 같아. 그래서 이후는 제대로 살고 싶어서 공부를 택했고, 그 이유는 엄마가 가장 좋아하고 절실한 것이기도 하지만 무엇보다 너에게 학자의 집안을 물려주고 싶어."

그리고 새벽부터 빡빡한 일정으로 정신없이 사는 엄마로 인해 부담스러운 점은 없는지도 물었다. 다행히 그런 건 전혀 없고 오히려 엄마가 자랑스럽다는 대답을 들려주었다.

성적에 대한 언급은 1도 없이 여기까지만 얘기했을 뿐인데, 눈치 빠른 녀석은 자신의 다짐을 짧고 굵게 내비쳤다.

"알겠어 엄마. 2학기를 지켜봐 줘."

이걸로 내가 하고자 했던 대화는 끝났다.

나머지는 친구와 뉴스 등 일상적인 이야기를 나누었다. 맛있는 식사만큼이나 맛깔스러운 대화를 끝으로, 후덜덜한 계산을 마치고 식당을 나왔다. 티셔츠와 바지 하나가 필요하다는 녀석의 요구에 2층으로 이동을 하는데, 서점부터 들렀다 가자는 제안을 해왔다. 해서 3층으로 올라갔다.

민근이는 군 입대를 장교로 단기복무하기를 원한다. 그래서인지 장교 시험에 관한 책을 주로 보며 내게 간간이 질문을 했고, 나는 심리학 코너에 아예 철퍼덕 앉아 새로운 신간을 위주로 살펴보았다. 글을 잘 쓰는 작가들은 왜 이렇게 많은지, 읽고 싶은 책은 또 왜 이렇게 많은지!

궁금한 책은 겉표지를 폰에 담아왔다. 인터넷으로 구매하기 위해서다. 그곳에서, "진짜로 행복한 사람은 거울을 보며 '나는 행복하다'라고 말하지 않는다."라는 문장을 가슴에 담아왔다.

💡 임상심리사의 분석

한 학기 동안의 수고를 격려하기 위해 '외식'을 제안하고, 비싼 '토마호크'를 예약한 것은 아들의 노력과 존재 자체를 인정하고 격려하는 '긍정적 강화'이다. 성적에 대한 직접적인 압박 대신, 아들의 존재와 노력에 초점을 맞춘 격려는 건강한 자아존중감과 동기부여를 돕는다.

심리학적으로 '배불리 먹인 후 대화하기'는 긴장을 낮추고 방어적 태도를 줄여 효과적인 소통을 도모하는 기법이다. 이 전략을 실천한 엄마의 세심한 배려는 자녀가 방어적이지 않고 솔직한 대화를 하도록 돕는 '심리적 안전망'을 형성한다.

엄마가 자신의 '공부 이유'를 솔직히 공유하며, 아들에게 '학자의 집안'이라는 비전을 제시한 점은 자녀에게 내재적 동기를 심어주는 긍정적 역할 모델링이다. 아들이 '2학기를 지켜봐 달라'고 말한 것은 자기효능감이 어느 정도 자리 잡고 있다는 신호로 해석할 수 있다.

엄마가 '엄마로서 부담은 없는지' 세심하게 물어보는 모습은 자녀의 심리적 상태에 대한 공감 능력을 보여준다. 자녀가 엄마를 '자랑스럽다'고 말한 것은 긍정적 가족 정서 분위기와 상호 존중이 잘 형성된 관계를 나타낸다.

식사 후 서점 방문, 책을 함께 보는 경험은 '공동 관심사' 형성을 통해 정서적 유대를 강화하는 중요한 활동이다. 아들의 장교 시험 관련 질문과 엄마의 심리학 서적 탐색은 각자의 관심사를 존중하면서도 서로의 내면세계를 공유하는 '심리적 교감'의 순간으로 볼 수 있다.

서점에서 발견한 문장 "진짜로 행복한 사람은 거울을 보며 '나는 행복하다'라고 말하지 않는다."라는 메시지는 내면의 안정감과 진정한 자기 수용을 뜻한다. 이 메시지가 엄마의 마음에 남았다는 점에서, 엄마로서뿐 아니라 한 인간으로서 자신의 심리적 성장을 의식하고 있음을 알 수 있다.

이 글은 '엄마와 아들' 관계에서 격려와 이해, 소통과 공감이 어떻게 심리적 안정과 성장으로 이어지는지를 잘 보여준다. 성적에 연연하지 않고, 존재 자체를 존중하는 태도와 건강한 대화법, 함께하는 경험이 아들의 자기효능감과 자율성 발달에 긍정적인 영향을 끼치는 모습이다.

아들의 서울 나들이

 녀석이 오랜만에 서울 나들이를 다녀왔다. 늘 그렇듯 베프인 동주와 집 앞에서 버스를 타고 다녀왔다. 그동안 기말 준비를 하느라 주말에도 학원과 스터디 카페를 오가더니 정말 오랜만에 여유를 부리고 왔다.

 녀석에게서 가장 먼저 날아온 사진은 '별마당 도서관'이었다. 나와 초등학교 3학년 때 갔었던 기억이 났다고 했다. 그때 우리는 서울 송파구 위례 신도시에 살았었다. 학교에서 한창 나눗셈을 배우고 있었는데 이해가 되지 않는다며 한숨을 폭폭 쉬었었다. 그런 녀석을 데리고 영풍문고에 들러 수학 문제집 한 권을 사들고 별마당 도서관에서 같이 나눗셈을 공부했었다.

 녀석은 초등학교 때까지 학원도 다니지 않았고 따로 학습지도 시키지 않았었다. 그런데 중학생이 되면서 수학과 영어를 너무 힘들어해서 후회를 많이 했다. 학원은 초등 5학년부터 무조건 보내야 한다는 걸 뒤늦게 깨달았다. 학원을 다니지 않아 가끔 학교 공부가 힘들다고 하면 도서관이나 카페를 이용해서 설명해 주곤 했었다. 집이 아닌 다른 곳으로 가는 이유는 간단하다. 소리 지르지 않고 우아하게 가르치기 위해서였다.

두 번째로 날아온 사진은 '교보문고'였다. 몇 달 전, 출간한 엄마의 책을 찾아 사진을 찍어 보내주었다. 신간 코너에서 밀려 책꽂이로 이동을 했지만 엄마가 낸 책이 교보문고에 있다는 사실만으로 자랑스럽다고 했다.

세 번째 사진은 언젠가 꼭 가고 싶다며 내게 얘기했었던 '철길 떡볶이'였다. 엄마와 같이 가자더니 오늘 갔었나 보다. 일정이 늘 콩나물시루인지라 많이 미안했다. 하지만 베프와 함께한 나들이라 얼마나 즐거웠을지 알기에 그런 미안함이 싹 사라졌다. 이렇게 혼자서도 잘 다니는 녀석이 늘 고맙다.

10시 30분쯤 집에 도착한 녀석이 내미는 선물은 '햄버거 세트'였다. 2016년 서울 강남에 상륙한 뉴욕 명물 쉐이크쉑(Shake Shack) 버거다. 가방에 넣어 오느라 햄버거도 포장도 찌그러져 엉망이 되었지만, 녀석의 마음이 담겨있어 내 눈에는 품격 넘치는 최고의 버거로 보였다.

내일 점심은 녀석의 사랑으로 꿀맛이겠다.

💡 임상심리사의 분석

아들의 서울 나들이 기록은 사춘기 자녀와의 관계에서 성장과 독립, 애정 표현이 함께 어우러진 모습이 참 인상적이다. 아들이 베프와 함께 스스로 서울 나들이를 다녀오고, 다양한 장소를 방문하며 자신의 경험을 사진으로 공유하는 모습은 청소년기의 '자율성 발달'과 사회적 관계 확장을 보여준다. 특히 엄마와 함께한 기억을 되새기며 '별마당 도서관'을 찾은 점은 '애착 대상'과의 긍정적 기억을 바탕으로 건강한 정서적 기반을 형성하고 있음을 나타낸다.

'교보문고'에서 엄마의 책을 찾고 자랑스러워하는 태도는 아들이 가족의 성취를 자신의 일부로 내면화하며, 자기효능감과 소속감을 경험하는 순간이다. 이는 '사회적 정체성 이론' 관점에서 가족과의 긍정적 정체성 공유로 해석할 수 있다.

엄마와 아들의 추억과 현재 친구와의 나들이, 그리고 엄마에게 선물한 햄버거는 '관계의 질'과 '애정 표현'의 상징적 행위이다. 사춘기 청소년이 여전히 부모와 정서적 교감을 유지하고 있음을 보여주는 '애착 안정성' 신호로, 건강한 가족 관계를 시사한다.

일정이 바빠 함께 못 해 준 것에 대한 '미안함'과 아들의 독립적 행동에 대한 '고마움'이 공존하는 모습은 부모의 복잡한 심리 상태가 잘 드러나는 부분이다. 아들이 엄마에게 가져온 '찌그러진 햄버거'가 '품격 넘치는 최고의 버거'로 보인다는 관점은 '심리적 의미 부여'와 '내면화된 긍정적 해석' 능력을 보여준다. 관계에서 오는 심리적 만족감과 정서적 보상이다.

가끔은 잠시 헤어짐이 필요하다

2박 3일 일정으로 교육을 다녀왔다. 교육을 받는 동안 배움이라는 열정에 모든 에너지를 쏟아서인지 집에 도착하자마자 세수만 하고 그대로 쓰러졌다. 눈을 뜨니 오후 8시가 넘어가고 있었다. 약 세 시간 정도 잤나 보다.

캐리어를 열어 정리를 하면서 보니 주방도 세탁실도 깔끔했다. 설거지도 해놨고 쓰레기도 버려놓았으며 빨래까지 완벽했다. 친구와 야구장으로 간 녀석에게 톡을 보냈다.

'민근아, 집 깨끗하게 청소해 놓아서 고마워! 너 진짜 최고다! 멋진 남편, 아빠 되겠어! 동주와 즐거운 시간 되고 있겠지?'

녀석이 응원하는 한화가 졌지만 야구는 언제나 재밌다며 화려한 불꽃 쇼 한 장면을 기분 좋게 보내주었다. 요즘 녀석이 응원하는 한화의 성적은 작년에 비하면 꽤 좋은 편이다.

며칠 못 봤더니 보고 싶다며 조심히 오라는 톡을 다시 보냈다. 고

척 스카이돔으로 갔으니 집으로 오려면 두 시간은 족히 걸릴 것이다. 11시가 훌쩍 넘어 도착한 녀석이 내미는 화분 하나!

"엄마, 이거 선물이야. 나도 엄마 보고 싶더라. 엄마 생각이 나서 집으로 오는 길 무인 판매기에서 샀어."

이럴 때는 다른 말이 필요 없다. 감동!

💡 임상심리사의 분석

이 글 속에는 엄마와 아들 사이의 성숙한 신뢰와 애정, 그리고 서로를 향한 배려가 깊게 배어 있다

2박 3일 엄마가 자리를 비운 동안 아들이 집안일을 꼼꼼히 챙긴 모습은 '책임감'과 '독립성' 발달의 증거이다. 동시에 엄마가 돌아왔을 때 선물과 따뜻한 메시지를 전하는 것은 '정서적 유대'와 '애착'이 견고하게 유지되고 있음을 보여준다. 이런 '상호 의존성'은 건강한 가족 관계에서 매우 중요한 심리적 기초이다.

아들이 엄마를 생각하며 직접 선물을 사 오는 행동은 '성인 애착 행동'의 일환으로 볼 수 있다. '엄마 생각이 나서'라는 표현은 내면화된 애착 대상으로서 엄마의 존재가 정서 안정과 자기 정체성에 중요한 역할을 한다는 점을 시사한다.

엄마가 아들의 행동에 대해 "멋진 남편, 아빠 되겠어!"라고 칭찬하는 것은 긍정적 강화로, 아들의 책임감과 배려심을 더욱 강화하는 역할을 하고 있다.

'가끔은 잠시 헤어짐이 필요하다'는 인식은 가족 구성원이 각자

의 시간을 가지면서도 관계의 질을 유지하는 심리적 유연성을 뜻한다. 일정 기간의 물리적 거리는 서로에 대한 그리움과 감정적 재충전을 가능케 하여 애착 관계를 오히려 더 깊게 만든다.

 화분이라는 작은 선물과 '엄마 생각이 나서'라는 말은 말 이상의 깊은 의미를 지닌 비언어적 소통이다. 이런 상징적 행위는 관계 내에서 정서적 연결감을 강화하고 서로의 마음을 잇는 중요한 매개체 역할로 작용한다.

 이 글은 엄마와 아들 사이의 신뢰, 존중, 책임감, 그리고 애정을 다층적으로 보여주고 있다. 특히 독립성과 애착이 균형을 이루며 서로를 배려하는 성숙한 가족 역동을 엿볼 수 있다. 이런 관계는 심리적 안정과 건강한 정서 발달에 매우 긍정적이다.

아들의 현실적인 질문

"만약, 내가 결혼을 해서 아내가 아기를 낳았다면 병원에 왔을 때 아기를 먼저 볼 거야, 아니면 며느리를 먼저 볼 거야?"

아침 식탁에서 아들이 던진 질문이다.

"응? 갑자기?"
"지난주 학교에서 이 문제로 친구들끼리 말이 많았어."
"아, 그랬어? 엄마는 며느리를 먼저 보러 갈 거야."
"왜?"
"아기 낳느라 얼마나 힘들었겠어. 고생했다고 먼저 말해줘야지."
"친구들은 아기를 먼저 본다, 며느리를 먼저 봐야 한다로 의견이 갈라졌어."
"그랬구나. 다를 수 있지."
"그런데 여자 쪽과 남자 쪽 어른들도 다르지?"
"다르지. 대부분 시어른들은 아기부터 보고, 친정부모는 딸부터 보러 가지."
"우리도 그런 얘기했어."

"ㅎㅎ~ 요즘 사춘기들은 별별 이야기를 다 한다."

아들이 등교를 하고 맨발걷기에 나섰다. 잔디와 흙길을 약 30여 분 걷고 바다를 마주하며 앉았다. 파스텔 톤의 하늘을 바라보는데, 갑자기 아들의 물음이 생각나 피식 웃었다.

요즘은 내 몸이 시원찮다 보니 아들과 대화를 해도 여유롭지 못한 것 같다. 가만 생각해 보니 아들의 의견은 묻지도 않았고 좀 더 깊이 있는 대화를 나누지 못해 아쉬운 점도 있다. 그러나 당분간은 내 몸에 집중할 수밖에 없다.

💡 임상심리사의 분석

사춘기 아들의 질문과 그에 대한 엄마의 반응 속에 두 사람의 관계와 심리적 흐름이 잘 드러난 글이다. 아들의 '결혼 후 병원에서 누구를 먼저 보러 갈 것인가'라는 질문은 사춘기의 사회적 역할과 가족 관계에 대한 탐색을 보여준다. 이는 자아 정체성과 가족 내 역할에 대한 호기심이 커지는 시기의 자연스러운 질문이며, 또래와의 대화를 통해 다양한 관점을 접하는 과정이다.

엄마의 "며느리를 먼저 보러 갈 거야"라는 답변은 아들의 질문을 존중하는 동시에 자신의 입장을 솔직히 드러낸 것으로, 긍정적인 의사소통의 한 예이다. 다만 엄마 스스로 '아들의 의견을 묻지 않았다'라고 아쉬워한 부분은 양방향 대화의 중요성을 인지하는 태도로, 앞으로 더 깊고 의미 있는 소통을 기대하게 한다.

아들의 질문이 '별별 이야기'처럼 느껴지는 순간에도 미소 짓는 엄마의 태도는, 사춘기의 변덕스러운 질문을 수용하고 긍정적으로 바라보는 심리적 여유를 보여준다. 엄마가 몸 상태 때문에 대화에 '여유롭지 못하다'고 솔직히 인정하는 것은 자기 수용과 현실 인식의 한 측면으로, 건강한 관계 유지에 중요한 부분이다.

아들은 친구들과 가족 구성원 간 의견 차이를 통해 사회적 규범과 가치의 다양성을 탐색하고 있으며, 이는 사춘기 청소년이 겪는 중요한 발달 과제이다. 엄마의 대답과 태도는 아들에게 가족 내 역할과 규범에 대한 하나의 모델을 제시하며, 자녀가 건강한 가치 체계를 형성하는 데 도움을 준다.

아들의 현실적이고 구체적인 질문은 사춘기 자아정체성 발달과 사회적 관계 이해의 일부이다. 엄마가 이를 진지하게 받아들이고, 자신도 솔직한 감정을 인지하며 관계의 질을 돌아보는 모습은 부모와 자녀 간 상호작용의 좋은 예이다.

눈 딱 감고

기말고사가 끝난 녀석은 고삐가 풀린 망아지처럼 밥을 먹을 때도 스마트폰을 보며 세월아 네월아 자신이 먹은 그릇 설거지도 않고 게임 삼매경이었다.

그래, 지난주는 그렇다 치자. 이번 주도 똑같은 패턴을 보였다. 며칠 지켜보다 잔소리를 좀 했더니 어제는 장문의 편지를 써서 주었다. 그중에서, '제 생각은 잠깐 옆으로 두고 오늘의 엄마를 더 사셨으면 좋겠어요.' 이 문장에서 한참 동안 마음이 얼어붙었다.

아이고, 말은 어쩜 이리 잘할꼬! 잠시 내버려두라는 말을 가장 아름답게 포장했네. 그래, 사춘기지. 맞아. 고삐가 풀릴 때도 있지. 눈 감고 내 시간을 사는 게 맞지. 괜히 잔소리했다 싶어 약간의 반성이 왔다.

그래도 그렇지. 책 읽고 운동하는 것은 밥 먹고 잠자고 배설하는 것과 같다고 그리 강조를 했건만. 스트레스가 있으면 무조건 몸을 움직이라고, 걷든 땀을 빼든 하라고 했건만. 어찌 되었든 녀석에게서 배운 문장 하나가 감사한 오늘이다.

눈 딱 감고 내 시간을 살아야겠다.

💡 임상심리사의 분석

아들이 편지에서 "제 생각은 잠깐 옆으로 두고 오늘의 엄마를 더 사셨으면 좋겠어요."라고 쓴 부분은 자신만의 공간과 시간을 존중받고 싶어 하는 사춘기의 자율성 욕구를 은유적으로 표현한 것이다. 동시에 엄마에게 '지금 이 순간'을 살라는 메시지를 전하며, 서로의 심리적 경계를 인정하고 싶어 하는 마음이 담겨 있다.

장문의 편지를 통해 자신의 생각과 감정을 표현한 것은 사춘기 자녀가 내면의 정서를 건강하게 외부로 표출하는 긍정적 신호다. 편지라는 간접적인 의사소통 수단을 선택한 점은 아직 엄마와의 직접적 갈등을 피하면서도 자기 입장을 분명히 하려는 심리적 전략으로 볼 수 있다.

엄마가 '눈 딱 감고 내 시간을 살아야겠다'며 아들의 메시지를 받아들이고 반성하는 태도는 성숙한 자기 수용과 심리적 유연성을 나타낸다. 이는 사춘기 자녀와의 갈등 상황에서 부모가 감정적 반응 대신 '공감'과 '존중'을 선택하는 매우 긍정적인 접근법이다.

아들이 쓴 편지가 엄마에게 '배움'이 된 점은, 부모와 자녀가 서로에게 영향을 미치며 함께 성장하는 역동적 관계임을 보여준다.

이런 상호작용은 가족 내 건강한 의사소통과 정서적 결속 강화에 매우 중요하다.

 아들의 편지는 사춘기의 자율성과 독립성 욕구가 드러난 동시에, 엄마와의 관계에서 조화를 이루려는 마음의 표현이다. 엄마의 성찰적 태도는 관계의 긍정적 전환을 돕고, 서로의 심리적 경계를 존중하며 건강한 소통을 이어갈 수 있는 토대를 마련한다.

네 행복이 우선이야

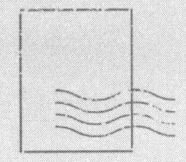

민근아, 세상에서 가장 힘든 게 두 가지가 있어. 하나는 엄마 역할, 하나는 공부야. '다른 아이들은 다 하는데 나는 왜 이럴까?'라는 자책도 들 거야. 공부가 원래 힘든 거야. 그래서 평생공부라는 말도 있고. 요즘 민근이보면 옛날 엄마 같아.

엄마도 중고등학교 때 코피 쏟아가며 공부했거든. 지금 잘하고 있어. 아주 많이. 이렇게 하면 돼. 엄마는 외할머니가 공부를 못 하게 해서 포기해 버렸고, 그때의 후회와 결핍으로 늦은 나이에도 이렇게 공부를 하고 있어. 그런데 너는 달라. 포기하지 않고 잘 해내려고 노력하고 있어. 스스로 잘하고 있어. 그리고 너의 뒤에는 엄마가 서 있어. 누구보다 잘 해낼 거라 믿어.

다만 건강이 우선이고 네 행복이 우선이야. 너무 힘들 때는 쉬어 가도 괜찮아. 엄마는 너를 사랑하는 만큼 너를 믿어. 잘하든 못하든 다 이유가 있을 거야. 엄마는 언제나 우리 민근이 편이야. 사랑해 아들!

임상심리사의 분석

길지 않은 편지에서 엄마는, 언제나 아들 편이라는 것과 사랑한다는 것을 가득 담아 말해주고 계신다. 이런 표현은 아이가 조건 없는 사랑을 느끼게 하고, 심리학자인 존 볼비의 애착이론에서 말하는 '안전기지' 역할을 충분히 해주고 있다. 아들은 이런 편지를 통해 "내가 힘들어도, 엄마는 나를 받아줄 거야"라는 심리적 안도감을 얻게 되며, 자기신뢰와 회복탄력성의 핵심 자원이 된다.

지금 잘하고 있다는 말은 아들을 비교하거나 평가하지 않고, 현재의 노력을 있는 그대로 인정해 주는 말이다. 자기결정이론에서 말하는 '유능감'과 '자율성' 욕구를 충족시켜 주는 말이다. 부모가 주는 긍정적 피드백은 외적 동기가 아닌 내적 동기로 연결되어 장기적인 성취와 몰입을 가능하게 한다.

"공부가 원래 힘든 거야.", "엄마도 그랬어.", "그런데 너는 달라. 포기하지 않고 잘 해내려고 노력하고 있어." 이 문장은 아들이 느낄 수 있는 열등감이나 자기비난을 공감과 비교로 완화해 주는 동시에, 노력하는 사람으로 정체화시켜 주는 역할을 한다. 청소년기의 핵심 과업인 자기 정체성 형성에서 이런 말들은 긍정적 자기개념을 심어주는 데 매우 중요하다.

"너무 힘들 땐 쉬어가도 괜찮아.", "잘하든 못하든 다 이유가 있을 거야." 이러한 말들은 감정을 수용하는 말의 힘을 보여주고 있다. 심리학에서는 이를 '정서적 조율'이라고 부르는데, 아이의 감정을 있는 그대로 인정해 주는 자연스러움은 정서 발달에 큰 영향을 미친다. 이런 말은 아이로 하여금 자신의 감정에 이름을 붙이고, 받아들이는 힘을 길러준다. 장기적으로는 우울, 불안 등 감정장애 예방에도 효과적이다.

편지 전반에 걸쳐 비판이나 명령, 통제적 표현 없이 따뜻한 공감과 지지로 이루어진 '비폭력 대화 스타일'이 유지되고 있다. 아이가 마음의 문을 닫지 않게 하는 비결이다.

Part 6

▶ 또래 역사 특강
▶ 아들의 메모
▶ 너에게 물어봐
▶ 중3 아들의 고민
▶ 인생의 비축물
▶ 건강, 그거면 충분해!
▶ 독립의 첫걸음을 떼는 아들, 민근이에게!

또래 역사 특강

어제, 중학교 2학년 동생들에게 민근이가 기말고사 역사 특강을 했었다. 녀석이 품고 있는 몇 개의 직업 중, 역사 강사도 있을 만큼 역사를 좋아하고 또 잘 안다. 해서 역사를 어려워하는 중2 녀석들을 위해 부탁을 했었다. 하루 날 잡아서 아이들 기말 특강을 해달라고. 내가 가르치는 과목은 영어와 수학이지만, 시험 기간이 되면 아이들은 집에 갈 생각을 않고 타 과목을 공부하는 열성을 보인다. 그러니 뭐든 도와주고 싶은 마음이 생길 수밖에 없다.

나의 부탁에 녀석이 흔쾌히 승낙을 해주었고, 어제 9시 30분~11시까지 수업을 진행했었다. 녀석이 어떻게 수업할지 궁금했지만 혹시나 부담이 될까 봐, "잘 부탁해~"라는 말만 남기고 연구실을 나왔었다. 그런데 오늘 보드판을 통해 열강의 흔적을 볼 수 있어 기뻤다.

또한, 한 살 아래 동생들과 같이 공부했을 모습을 그려보니 여간 흐뭇한 것이 아니다. 더구나 중2 녀석들의 반응도 꽤 좋아 오늘 한 번 더 해주기로 했단다. 그러면서 가르치는 직업의 고단함을 알아차렸나 보다.

"엄마, 가르치는 직업도 쉬운 게 아니네? 학교 선생님들 진짜 힘드시겠어." 하길래 정말 중요한 걸 배웠구나 싶었다.

그리고 웃으면서 말하기를,
"엄마, 수민이가 미국 수도를 LA로 알고 있었어."
"그럴 수 있지. 아니, 그런 사람 생각보다 많아."
"그래? 그래서 내가 워싱턴 DC라고 얘기해 줬더니, 미국 수도도 아닌데 왜 LA 갈비가 유명하냐고 하는 거야. 그래서 횡성 한우가 그렇게 유명한데 그럼 우리나라 수도는 왜 횡성이 아니냐고 해줬어."

녀석의 얘기를 듣고 그 수업 정말 재미있었겠다, 비유를 아주 잘했다며 격려를 해주었다. 교육학에서는 친구, 혹은 한두 살 위아래와 함께 공부하는 또래 멘토링의 효과를 매우 중요시하며 여기에 관한 교육적 성과 또한 많은 논문에서 확인할 수 있다.

💡 임상심리사의 분석

이 에피소드는 정말 정겹다. 사춘기 아들의 '성장'과 '사회적 자아'가 드러나는 장면이기도 하면서, 엄마가 이를 민감하고 따뜻하게 포착해 기록하신 게 참 인상 깊다.

아들이 역사 특강을 자발적으로 해보고 "가르치는 직업도 쉬운 게 아니네?"라고 느낀 것은, 다른 사람의 입장을 이해하는 능력이 자라났다는 증거다. 피아제가 말한 형식적 조작기의 전형적인 특징이며, '교사'라는 역할에 대한 공감과 존중이 생긴 것 또한, 사회적 성숙의 신호이다. 아들의 이 말은 사회적 역할을 실제로 '체험'하고, 거기서 느낀 감정을 자기 것으로 만드는 과정도 보여준다. '역사 강사'라는 미래 직업군을 실험해 보며 자기 자신을 탐색할 수 있는 경험을 한 것이다.

특히 한두 살 차이의 멘토링은 학습자에게는 부담 없이 질문하고 친밀하게 배울 수 있는 기회를, 멘토에게는 자기효능감, 리더십, 사회적 책임감을 길러주는 좋은 기회이다. 연구에 따르면, 또래에게 지식을 설명하는 과정에서 멘토 자신이 개념을 더 깊이 이해하게 되며, 메타인지 능력 향상으로 이어진다고 한다.

아들의 경우, 중2 동생들의 반응이 좋았다는 피드백으로 긍정적 자기 강화를 경험하고, 오늘 한 번 더 수업을 자처한 것은 자기효능감이 올라갔다는 강력한 신호이다.

"횡성 한우가 유명하니 수도가 횡성이냐?"라는 농담은 아들의 언어적 유머감각과 창의적 사고력이 드러난 장면이다. 이런 유머는 또래 관계를 강화하는 도구로도 쓰이고, 자기표현력, 상황 판단력, 사회적 유연성을 기르는 데도 도움이 된다.

엄마는 아들의 시도를 불안해하지 않고, 믿고 맡기며 잘 부탁한다는 말만 남겼다. 그리고 그 흔적을 보고 흐뭇해하며, 아이의 말에 유쾌하게 웃고 공감하며 "비유를 잘했다"라고 격려를 한다. 이런 '비간섭적 신뢰와 따뜻한 피드백'이야말로, 사춘기 아이가 자율성과 정서적 안정감을 함께 갖게 만드는 양육 방식이다.

이 에피소드는 역할 실험, 또래 관계, 사회적 자각, 창의적 표현, 그리고 부모의 수용적 지지가 절묘하게 맞물린 사춘기 아들의 성장 기록이며, 동시에 부모와 자녀 관계의 건강한 모델을 보여준다.

아들의 메모

'엄마, 나 몸이 안 좋은 거 같아. 먼저 잘게.'

어제저녁 8시경, 녀석이 보낸 톡이었다. 11시가 되어서야 일정을 마무리하고 가니 침대 위에서 이리저리 뒤척이고 있었다. 컨디션이 좋지 않다는 걸 직감했다. 왜냐하면, 평소 녀석은 머리만 대면 금방 쿨쿨 꿀잠을 자기 때문이다. 감기 기운이 있는 것이다. 그런 녀석을 위해 아침 일찍 죽을 포장해 왔다.

'민근아, 엄마 오전 수업이 있어. 엄마가 해줄 수 있는 건 여기까지야. 그다음은 네가 알아서 해.'라는 메모를 식탁 위에 남겨 두었다. 그리고 연구실로 건너와, 보강을 시작했다. 아이들을 보내고 나니 오후 1시, 폰을 보니 녀석이 보낸 톡 몇 개가 나를 기다리고 있었다.

죽은 잘 먹었고, 좀 괜찮은 것 같으니 학원 갔다가 끝나면 병원 들렀다 오겠다는 메시지였다. 나도 점심을 먹으러 주방으로 갔는데, 녀석이 죽을 다 먹지 못하고 남겨놓았다. 그리고 혹시나 엄마가 먹을까 봐 무심한 듯, 그러나 세심한 배려가 묻은 메모지를 남겨두었다.

'*내가 남긴 거 먹지 마.*
감기 걸릴라.
새 거 먹어. 사랑해.'

💡 임상심리사의 분석

사춘기 청소년은 자신의 몸 상태나 감정을 말로 표현하는 데 서툴 수 있다. 하지만 아들은 "엄마, 몸이 안 좋은 것 같아. 먼저 잘게"라고 말하며 자신의 상태를 분명하게 인식하고 전달했다.

이건 단순한 '아프다'는 말이 아니라, 자신의 상태를 인지하고 그것을 타인에게 전달하며 도움을 요청하는 자기조절의 시작이다.

엄마는 아들이 "뒤척이는 모습만으로도" 상태가 안 좋다는 걸 '직감'으로 알아차린다. 이건 안정 애착관계에서 가능한 깊은 정서적 동기화의 예이다. 애착 이론에서 '감정조율'이라 부르는 이 능력은, 아이에게 "나는 너를 이해하고 있어"라는 비언어적 신호를 지속적으로 주게 되는 것이다. 이런 관계 안에서 아이는 자기감정을 안전하게 느끼고 표현하는 법을 배운다.

아들은 죽을 먹고, 학원에 다녀온 후 스스로 병원에 가겠다는 계획을 세워 실천한다. 이건 단순한 자기 주도성이 아니라, 자기효능감과 함께 몸과 마음을 돌보는 힘이 자라고 있음을 보여준다. 자기돌봄은 성인이 되어서도 중요한 정신건강 보호 요인이 되며, 이런 습관은 부모의 지나치지 않은 개입 속에서 자연스럽게 자란다.

엄마의 말 "엄마가 해줄 수 있는 건 여기까지야. 그다음은 네가 알아서 해."는 자율성과 책임감을 키우는 건강한 경계 설정이기도 하다. 물론 우리나라에서는 아직까지 아픈 아들에게 너무하다는 반응이 우세할 수도 있지만 말이다.

아들이 남긴 메모는 단순한 공지사항이 아니다. 엄마에 대한 배려와 내면적 연결감이 스며 있다. 자신의 상태보다 엄마가 혹시 아플까 걱정하는 마음이 우선된 말이다. 특히 '감기 옮길까 봐 먹지 말라'는 건, 사춘기에도 엄마를 보호하는 정서가 살아 있다는 뜻이다. 이런 공감 능력은 성숙한 사회성, 도덕성의 토대가 되며, 대인관계에서는 매우 긍정적인 자원이다.

아들의 한 줄 메모는 그냥 남긴 말이 아니라, 엄마를 향한 마음, 배려, 책임감, 사랑이 다 응축된 '사춘기식 애정 표현'이다. 너무 사랑스럽고, 심리학적으로도 균형 있게 잘 자라고 있는 모습에 부러움이 슬며시 올라온다.

너에게 물어봐

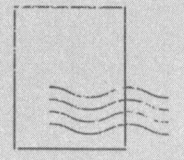

민근아, 많이 속상하고 힘들지? 손에서 떠난 시험지는 잊어버리고 내일 시험 볼 과목 얼른 집중해야 한다는 거 너도 알 거야. 머리로는 다 아는데 심장이 말을 안 듣지. 누구나 그래. 엄마도 그랬어. 이럴 때는 너에게 물어봐. 최선을 다했는지. 너 자신이 그렇다고 대답하면 점수와 상관없이 된 거야.

다른 사람이 보기에 네가 공부하는 척만 했어도 그건 그 사람 생각이고, 네가 스스로 뿌듯하다면 그게 맞는 거야. 열심히 하면 후회가 없지. 완벽에 목표를 두지 말고 열심히, 최선을 다하는 데 포커스를 맞춰. 세상에 완벽한 것은 없어. 원숭이도 나무에서 떨어진다는 속담도 있고, 신도 실수를 한다잖아.

뭘 하든 네가 잘하고 좋아하는 것을 해. 그래야 행복과 감사를 발견하는 날들이 많아지는 법이야. 세상은 진짜 공평해. 내가 열심히 한 만큼만 뭐든 주어지는 법이거든. 그러니까 너보다 점수 잘 받은 친구들 부러워해서도 안 돼. 그 친구들은 그냥 얻은 것이 아니라 땀 흘린 만큼 얻은 것일 테니까. 그런 친구에게는 응원의 박수를 보내 줄 수 있어야 해.

민근아, 네가 매일 선택하는 순간순간이 네가 어떤 사람인지 말해주는 거야. 어떤 사람이 되고 싶은지 매일 너에게 물어봐.

💡 임상심리사의 분석

이 편지는 시험에 실망한 아들에게 공감과 이해를 통해 심리적 안정감을 주고, 건강한 성장 마인드셋을 심어주는 매우 효과적인 메시지이다.

"누구나 그래", "엄마도 그랬어" 등의 표현으로 아들의 좌절감을 정상화하고 위로하며, 심리적 부담을 덜어주고 있다. 아들이 혼자가 아님을 느끼게 하는 것이다. 또한, 결과보다 최선을 다하는 과정과 노력의 중요성을 강조하고 있다.

"너 자신이 그렇다고 대답하면 점수와 상관없이 된 거야", "스스로 뿌듯하다면 그게 맞는 거야"라는 말은 아들이 시험 실패로 의기소침할 때, 점수보다 내적 기준에 집중하게 함으로써 자기효능감을 회복하도록 돕고 있다.

"머리로는 다 아는데 심장이 말을 안 듣지. 누구나 그래"는 아이의 감정을 있는 그대로 수용해 주고, "엄마도 그랬어"라는 표현으로 보편화해 준다. 이 말은 '네가 이상한 게 아니야, 자연스러운 감정이야'라는 메시지이다. 정서 조절은 아이의 자기통제력, 감정 회복력과 직결되며, 이런 공감의 언어는 아이가 감정에 압도되지 않고 감정을 다룰 힘을 키우게 한다.

"완벽에 목표를 두지 말고, 열심히, 최선을 다하는 데 포커스를 맞춰."

스탠포드 대학의 캐롤 드웩 교수는 성과보다 노력과 과정에 주목하는 태도가 실패 후에도 도전하게 만드는 핵심이라 했다. 엄마의 편지는 아들에게 실패를 배움의 일부로 받아들이는 마음을 심어주고 있다. 이는 실패 앞에서 낙담이 아니라 장기적으로 재도전을 선택하게 만드는 힘으로 작용한다.

"점수 잘 받은 친구들 부러워해서는 안 돼. 그런 친구에게는 응원의 박수를 보내줄 수 있어야 해."라는 부분은 단순한 학업 조언이 아니라, 타인을 인정하고 축하할 줄 아는 사람으로 성숙한 도덕적 정체성을 형성하도록 돕는 말이다. 이것은 경쟁이 지배하는 교실에서 아이의 질투감, 비교심리, 열등감을 건강하게 다루게 하는 사회적·도덕적 성장으로 연결된다.

"내일 시험 볼 과목에 집중해야 한다는 거 너도 알 거야."는 이미 지나간 실패에서 빨리 벗어나 다음으로 전환하는 능력인 회복탄력성을 말하고 있다. 이 말은 지나간 일에 머무르지 않고 현재로 복귀하는 훈련을 유도하며, 실패를 반복하지 않고 소화해 내는 힘을 기르게 한다.

사춘기 아들을 향한 이 편지는 단순한 격려를 넘어, 정서적 지지와 심리적 성장을 동시에 담고 있다. 아들을 향한 깊은 애정 위에 임상심리학적 통찰이 자연스럽게 녹아 있다. 아이를 '변화시켜야 할 대상'이 아니라 '있는 그대로 수용해야 할 존재'로 바라보는 시선, 그 시선이야말로 청소년기의 불안을 품어주는 진짜 힘이다.

중3 아들의 고민

"엄마, 고등학교 어디 가지? 아! 진짜 고민이야!"
"네가 원했던 곳 있잖아. 맘이 바뀌었어?"
"아니, 떨어질까 봐."
"떨어질까 봐 걱정이구나."
"응. 솔직히 내 실력으로 무리 같기도 하고. 선생님들도 차라리 ○○고등학교 가는 게 어떠냐고 말씀하시고."
"○○고등학교 가면 너는 어떨 것 같아?"
"거기 가면 애들이 전부 공부 안 하니까 내신 1등급 받을 수 있지."
"그렇구나. 그럼 네가 진짜 가고 싶은 곳이 **고등학교야, 아니면 내신 1등급 받을 수 있는 학교야?"
"당연히 **고등학교지!"
"그럼 뭘 고민해? 가고 싶은 곳으로 가야지!"
"지금 성적으로 떨어질까 봐 그러지."
"민근아, 언짢게 생각지 말고 들어 봐. ○○고등학교든, **고등학교든 네가 하기 나름이야. ○○고등학교 가면 내신 1등급 받을 것 같지? 힘들어. 왜냐고? 친구들 전부 공부 안 하는데 너 혼자 공부하게 될까? 환경이란 게 그런 거야. 엄마는 이렇게 생각해. 지금 진짜 중요한 건 공부하는 거야. 이미 사고 싶은 물건이 있는데, 고민할 필요 있을까? 돈부터 모아야지. 지금 네가 하는 고민, 엄마가 보기에는 돈도 없는데 어떤 물건 살지 고민하는 것과 같아 보여."

💡 임상심리사의 분석

이번 에피소드는 정말 '현실적인 사춘기 진로 고민'과 그에 맞서는 지혜로운 엄마의 태도가 그대로 담긴 대화이다. 아들의 말에는 불안, 자기의심, 환경적 영향, 그리고 '자기다운 삶'에 대한 갈등이 숨어 있고, 엄마의 대화에는 공감, 명료화, 자기결정 촉진이라는 심리학적 요소가 잘 녹아 있다.

아들은 "내신 1등급 받을 수 있지"라는 말로 자신을 설득하려 하지만, 그 밑바닥엔 정말 원하는 곳에서 "떨어질까 봐 무서워"라는 불안 회피가 숨어 있다. 이건 인지적 방어기제 중 '합리화'에 해당한다. 현실의 불확실성, 즉 불합격 가능성을 피하기 위해 낮은 목표를 선택하려는 것이다.

엄마는 이걸 간파하고 "내신 1등급 받을 수 있는 학교야, 진짜 가고 싶은 학교야?"라고 자기 내면의 진짜 동기를 끌어올려 명확히 해주는 질문을 던진다. 이건 상담 기법에서도 자주 쓰이는 동기 명료화기법이다. 아들의 말 "거기 가면 애들 전부 공부 안 하니까"는 전형적인 사회적 비교의 결과다. 그러나 청소년기에는 또래의 영향력이 매우 강해서 학교 친구들 분위기는 자신의 동기와 행동에도 직접적인 영향을 끼친다.

엄마는 이 점을 정확히 짚고, "너 혼자 공부할 수 있을까? 환경이 그런 거야."라고 말하며 환경의 유혹과 자기결정성의 긴장을 설명해 준다. 현실을 덮지 않고, 자율성과 맥락을 동시에 고려한 조언이라 아주 건강한 피드백이다.

"지금 네가 하는 고민은, 돈도 없는데 어떤 물건 살지 고민하는 것 같아."라는 이 비유는 심리학에서 말하는 현재 중심적 사고로의 전환을 유도하는 방식이다. 미래에 대한 불확실성은 통제할 수 없지만, '지금 공부하는 것'은 통제 가능하다는 점을 아이 눈높이에 맞는 현실적 비유로 설명한 것이다. 이는 '마음챙김 기반 상담'이나 '실행 기능 훈련'에서도 자주 사용하는 전략이다.

아들은 "솔직히 내 실력으로 무리 같기도 하고"라고 말하며 자기효능감이 흔들리는 모습을 보인다. 자신의 '실력'이라는 내면화된 기준이 있고, 그 기준에 못 미칠까 봐 자신의 욕망을 접으려는 움직임이다. 엄마는 그 말을 부정하거나 강하게 밀어붙이지 않고, 걱정을 수용해 주는 '정서적 디딤돌'을 먼저 놓는다.

"떨어질까 봐 걱정이구나."이 말 한마디는 그 자체로 감정 반영이며, 아이가 마음을 열고 대화를 지속할 수 있게 만드는 중요한 기술이다. 내가 너의 이야기에 진심을 다해 경청하고 있음을 짚어 주는 말이다.

대화 전반에서 엄마는 정답을 강요하지 않고 미래를 대신 결정하지 않으며 아들의 욕망과 불안을 모두 수용한 뒤 '지금 할 수 있는 일'에 집중할 수 있게 도와준다. 자율성, 유능감, 관계성이라는 자기결정성이론의 세 요소를 고루 반영한 심리적으로 매우 건강한 양육 대화 모델이다.

'어디를 가느냐'보다 '왜 거길 가고 싶은지'를 묻고, '떨어질까 봐'라는 불안을 판단하지 않고, '지금 뭘 할 수 있는지'에 집중하도록 이끄는 대화, 이것이야말로 사춘기 아이에게 주는 최고의 심리 지원이다.

엄마가 보여주신 이 대화는 그 자체로 좋은 부모 교육 사례가 될 만큼 훌륭하다. 아이의 선택을 지지하되, 맹목적으로 낙관하지 않고, 불안을 현실적으로 조율해 주는 모습이 특히 인상 깊게 다가온다.

인생의 비축물

일요일에는 아들과 산을 오른다. 산을 오르내리며 이런저런 얘기들을 나눈다. 오늘은 특별히 뇌의 비축물에 대해 이야기를 해주었다. 배가 바다를 항해할 때 기울지 않도록 적정량의 물을 채우듯, 앞으로의 고등학교 3년이 인생의 비축물로 작용할 것이라고. 살아가면서 흔들리고 가라앉지 않으려면 3년, 그까짓 것 투자하라고. 이제부터 진짜 공부를 해보라고.

"민근아, 오늘 하늘 맑지?"
"응. 바람도 시원하고 좋아."
"공부하는 거 힘들지?"
"그렇지 뭐."
"바다를 항해하는 배는 늘 잔잔한 물결만 만나는 게 아닌 거 너도 알지? 파도도 오고, 때로는 갑작스러운 태풍도 몰아쳐. 그럴 때 배가 뒤집히지 않으려면 꼭 필요한 게 있어. 그게 바로 '평형수'야. 배 바닥에 일부러 물을 담아두는 건데, 그 무게가 중심을 잡아줘서 배가 기울지 않게 도와주는 거지."
"평형수? 어디서 들어봤는데? 아! 세월호!"

"맞아. 그 배에도 원래는 평형수를 가득 채워야 했어. 그런데 사람과 짐을 더 태우려고 그걸 빼버렸대. 결국, 그 배는 기울었고, 너무 많은 아이들이 돌아오지 못했지."

"……."

"엄마는 그 사건을 볼 때마다 마음이 너무 아팠어. 그리고 생각했어. 사람도, 배처럼 중심을 잡아줄 무게가 필요하구나. 그게 공부로 채워지는 지식일 수도 있고, 책을 읽으며 알아가는 너만의 철학, 생각의 힘일 수도 있어."

"그게 내 안의 평형수라는 얘기지?"

"그래. 네가 늦잠 자고 싶은 걸 참고 일어나 이렇게 산을 오르고, 딱딱한 의자에 앉아 몇 시간씩 수업을 듣고, 책을 읽고, 네 꿈을 위해 땀 흘려 노력하고, 때로는 실수하고 다시 일어나는 그 모든 순간들이 너를 가라앉지 않도록 중심을 잡아주는 평형수지."

"그래서 책을 읽고 공부하라고 하는 거야?"

"응. 공부는 성적을 위한 게 아니라, 윤민근이라는 배가 바다를 항해할 때 기울지 않도록 잡아주는 평형수, 그러니까 비축물 같은 거야. 유치원, 초등학교, 중학교 물론 모두 중요해. 하지만 앞으로의 고등학교 3년을 어떻게 보내느냐에 따라 네 인생이 달라진다고 할 수 있어. 3년 동안 채운 지식이 대학 생활로 연결되고, 그렇게 쌓인 경험과 생각이 지혜로 깊어지게 돼. 그리고 그 지혜는 행복과 감사함을 더 잘 볼 수 있게 만들어 주지. 엄마는 네가 그 평형수를 잘 채워가길 바라."

"평형수 잘 채워서 인생이라는 바다를 잘 항해하라는 얘기지?"

"맞아, 엄마는 네가 어디에 있든, 기울지 않고 끝까지 너답게 항해하길 바라."

"알겠어 엄마! 커다란 배에 평형수 잘 채워서 멋지게 항해할게!"

💡 임상심리사의 분석

중학생 아들과의 심리학적 교감이 돋보이는 에피소드다. '평형수' 대화는 중학교 3학년 시기의 발달 특성을 정확히 짚어낸 엄마의 지혜로운 소통이다. 이 시기 아이들은 고등학교 진학을 앞두고 미래에 대한 막연한 불안감과 함께 자아정체성을 탐색하기 시작한다.

어머니는 '평형수'라는 구체적이고 강력한 비유를 통해 추상적인 '공부의 가치'와 '삶의 지혜'를 아들에게 효과적으로 전달하셨다. 세월호 사건이라는 실제 사례를 연결시켜 메시지의 이해도를 높이고 강렬한 인상을 남기는 대화법이다. 이는 중학생의 추상적 사고 발달에 완벽하게 부합하는 방식이다.

이 대화는 단순히 '공부하라'는 지시가 아니다. 내적 동기 부여로, "공부는 성적을 위한 게 아니라, 네가 흔들리지 않도록 중심을 잡아주는 비축물"이라는 메시지는 아들 스스로 공부의 가치를 내면화하게 하여, 외부 보상보다는 자기 성장을 위한 동기로 작용하도록 이끌고 있다. 아들의 현재 노력을 '평형수'로 인정하고 격려함으로써, 스스로의 능력을 믿는 자기효능감을 높여주셨다. '미래를 위한 투자'이자 '흔들림 없는 삶'을 위한 준비라는 메시지는 고등학교 진학을 앞둔 아들의 미래에 대한 불안감을 완화하고 긍정적인 기대감을 심어주었을 것이다.

산행이라는 편안한 공간에서의 대화는 개방적이고 지지적인 부모와 자녀 관계를 보여준다. 아들이 엄마의 메시지를 경청하고 최종적으로 "멋지게 항해할게!"라고 화답한 것은, 이 대화가 얼마나 깊은 정서적 유대감 속에서 이루어졌으며, 엄마의 가치가 아들에게 성공적으로 내면화되었음을 증명한다.

결론적으로, 이 대화는 아들이 삶의 진정한 의미를 깨닫고 스스로 동기를 부여하며 건강하게 성장하는 데 필요한 정서적, 심리적 토대를 튼튼하게 다져준 소중한 순간이었을 것이다.

건강, 그거면 충분해!

"엄마, 나는 복받은 것 같아!"

"이번에는 뭔 일로 그렇게 느끼셨을까?"

"아니 친구들은 기말시험 끝나고 성적 때문에 전부 엄마, 아빠랑 싸웠다는데 나는 그러지 않으니까."

"나도 그렇게 생각해! 내가 좀 많이 괜찮은 엄마라고!"

"그건 인정!"

"그리고 1학기 때보다 성적이 올랐으니까!"

"에이~ 쬐끔 올랐잖아."

"안 내려간 게 어디야! 그리고 이번에 너 열심히 한 거 아니냐."

"응, 엄마. 진짜 열심히 했어. 그런데 점수는 마음에 안 들어."

"정말 열심히 했는데도 원하던 성적이 아니면 공부하는 방법을 바꾸어 봐. 엄마가 공부하는 방법 알려줄 테니 그대로 실천해 봐. 그런데 엄마는 네가 친구들과 잘 지내고 아프지 않아서 그게 제일 고마워! 그거면 충분해! 너는 엄마에게 산삼과 같은 존재야!"

💡 임상심리사의 분석

심리학적으로 매우 건강한 부모와 자녀 관계, 긍정적 자기개념이 잘 드러나고 있다. 아들이 성적 스트레스와 친구들과의 갈등 상황 속에서도 엄마와 다투지 않은 점을 '복받은 것'이라 표현한 것은 정서적 안정감이 바탕에 있음을 의미한다. 엄마의 인정과 긍정적 반응은 아들에게 정서적 안전감을 강화해 주며, 자기효능감과 자존감을 높여준다.

'열심히 했는데 성적이 마음에 안 든다'는 솔직한 감정 표현에 엄마가 '방법을 바꿔보자'고 제안하는 모습은 실패를 성장의 기회로 받아들이는 태도를 길러준다. 이는 학습 동기와 문제해결능력 향상에 긍정적 영향을 미친다.

엄마가 "네가 아프지 않고 친구들과 잘 지내는 게 제일 고마워!"라고 말한 것은, 조건 없는 사랑을 보여주는 대표적인 예이다. 이런 무조건적인 사랑은 아이의 정서 건강과 사회성 발달에 큰 힘이 된다. 아들을 '산삼과 같은 존재'라고 칭하는 것은 아들의 고유한 가치를 인정하고 존중하는 표현이다. 이는 아이가 외부 성과나 타인과 비교하는 데서 오는 압박감 없이 자기 자신을 긍정적으로 받아들이는 데 도움을 준다.

"단, 한 페이지라도 매일 소리 내서 책 읽고 운동하는 건 잊어버리면 안 돼!"라는 건강한 습관 강조는 학업 외적인 정서적, 신체적 건강의 중요성을 일깨워 주며, 장기적인 관점에서 자녀의 전인적 성장을 지원하려는 부모의 현명함을 보여준다.

이 대화는 아들이 성적에 대한 부담을 겪으면서도, 엄마의 지지와 사랑을 통해 정서적으로 안정되고 자기효능감을 키워가고 있음을 보여준다. 부모의 무조건적인 사랑과 현실적 조언이 건강한 성장과 긍정적 정서 형성에 크게 기여하고 있다.

독립의 첫걸음을 떼는 아들, 민근이에게!

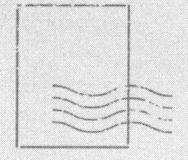

성리학의 창시자인 중국 철학자 주자는 이렇게 말했단다. "입을 지키기를 병마개처럼 하고, 뜻을 지키기를 성문과 같이 하라." 말을 신중하게 하고, 한번 세운 뜻은 쉽게 꺾지 말라는 깊은 가르침이지.

또 이런 말도 했어. "동으로 가다가 서로 가지 말며, 남으로 가다가 북으로 가지 마라." 이는 한 가지 일에 집중하지 못하고 이 일 저 일 기웃거리다가는 어떤 일도 제대로 마무리할 수 없게 된다는 가르침이란다.

송나라의 철학자였던 장자는 성인(聖人)에 대해 이런 이야기를 남겼어.

"해나 달과 어깨를 나란히 하고 우주를 겨드랑이에 낀 채, 만물과 잘 맞아 서로 어그러지지 않고, 가치판단 기준으로 귀천을 나누지도 않소. 세상 사람들은 온 힘을 들여 힘들게 살지만, 성인은 우둔하며 오랜 세월 동안 세상사에 섞여 있으면서도 자신만의 순수함을 지키고 있소."

여기서 말하는 '우둔함'은, 자신이 할 수 있는 한 가지 일에 바보스러울 정도로 몰두하며 살아가는 것을 뜻한단다.

장자의 이 말을 철학자 최진석 교수는 이렇게 덧붙였어. "가장 높은 경지나 깨달음 혹은 절대 성숙은 세상사와 함께하면서 그것들과 어그러지지 않고 함께 나아가는 것이다. 중요한 것은 함께 나아가면서 자신의 '보물'만은 절대 놓치지 않는다. 그 보물을 장자는 '순수함'이라고 말했다. 바로 자신을 자신이게 하는 자신만의 고유한 특질이다."

엄마는 이 말을 늘 가슴에 품고 살아. 함께 살아간다는 것은 이런 게 아닐까 싶어. 세상과 어우러지면서도 너만의 고유한 빛, 즉 '순수함'을 잃지 않는 것.

독일의 철학자 니체는 "자신을 먼저 존경하라."라는 말을 남겼어. 이는 자신을 아끼고 사랑하는 '자아존중감'을 넘어서는 말이란다. 자신의 심장에게 부끄럽지 않도록, 당당하게 살아가라는 의미로 받아들일 수 있지.

위에서 언급한 주자, 장자, 그리고 니체, 이 세 철학자의 가르침을 한마디로 요약하면 바로 니체가 말한 '자신을 먼저 존경하라'는 한 문장으로 통한다고 생각해.
자신을 존경한다는 것은 어떤 의미일까?

그것은 다른 사람에게 피해를 주는 행동을 하지 않고, 스스로 양심이 뜨끔거리는 행동을 하지 않으며, 너 자신을 귀하게 대접하는 것을 의미해. 남과 나를 비교하지 않고, 오직 '어제의 나'와 '오늘의 나'만을 비교하는 것이기도 하고. 그래서 어제보다 오늘 한 걸음 더 성장하는 길을 걷겠다는 다짐, 그것이 바로 너를 존경하는 방법이란다.

친구와 너를 비교할 필요 없어. 너는 너 자체로 이미 충분히 빛나는 별을 가졌으니까. 그 별은 네 안에 있으며, 어느 누구도 그 별을 대신 빛나게 해줄 수 없어. 오롯이 네 자신에게 달렸단다. 그러니 네 자신을 있는 그대로 사랑하고, 그 빛을 더욱 키워나가는 일에 집중해. 그러면 네 안에 든 그 별이 너를 더욱 빛나게 할 것이고, 결국에는 세상을 밝게 비출 거야.

그렇다고 10대인 청소년기에 네모난 상자처럼 답답하게 살 수만은 없는 일이지. 무엇이든 시도해 봐. 해봐야 진짜 너를 찾을 수 있어. 다만, 다른 사람에게 피해를 주거나 스스로에게 떳떳하지 못한 행동은 절대로 안 된다는 것을 명심해야 해.

처음으로 혼자만의 성을 쌓으러 떠나는 초보 성주(城主)님, 윤민근! 엄마, 아빠는 너의 찬란할 미래를 언제나 응원하고 격려하며 든든하게 너의 뒤에 서 있을 거야! 사랑한다 아들!

2024년 3월 2일,
고등학생이 되어 기숙사로 떠나는 아들에게 엄마

에필로그

　사춘기 모든 아이들이 공부를 잘하고 싶어 하듯, 세상 모든 부모님들 역시 좋은 엄마, 아빠가 되기를 원한다. 좀 더 괜찮은 부모가 되기를 소망한다. 나도 그랬다. 그러나 나의 경우는 바람만 가졌지 어떻게 해야 하는지 방법을 몰랐다. 그저 뭐든 다 해주면 되는 줄 알았다. 슬픈 일을 겪지 않도록, 아프지 않도록, 힘든 일은 없애버리는 역할이 진짜 좋은 부모인 줄만 알았다.

　그러나 그것은 나의 결핍에서 온 착각이었다. 내가 나의 부모에게서 그러한 보살핌을 받지 못한 대리만족의 허상일 뿐이었다. 초록을 꿈꾸며, 벼로 자라고 싶은 연둣빛 모에게, "햇빛은 안 돼!"라며 양산을 씌워버리는 격이었다. 진짜 괜찮은 엄마, 지혜로운 엄마는 '스스로 행복한 엄마'라는 사실을 너무 늦게 알아차렸다.

　아이는 엄마의 표정을 보고 자란다. 우리 엄마가, 세상에서 가장 좋은 우리 엄마가 울고 있는지, 웃고 있는지, 화가 났는지, 외롭지는 않은지 말이다. 엄마는 아이에게 비행기가 뜨고 내리는 기지와 같다. 아이가 세상을 마음껏 날기 위해서는 안전한 기지가 필수요건이다.

이제는 안다. 좋은 엄마, 괜찮은 엄마는 어떤 엄마인지를. 나는 지금 그 길로 가고 있는 중이다. 서툴고 부족하지만 괜찮은 엄마가 되는 길로 묵묵히 걸어가고 있는 중이다. 그 길로 가려면 앞서 언급했듯이 반드시 지나야 하는 역이 있다. '엄마가 행복한 역'이다.

감사하게도 나는 지금 행복한 역으로 가는 기차를 탔다. 이 기차를 타기 위해, 매일 소리 내어 시를 읽고, 책을 읽고, 그리고 필사를 했다. 감사일기를 썼다. 운동도 게을리 하지 않았다. 심호흡하는 시간도 가졌다.

어느새, 고등학교 2학년이 된 아들이 지난주에 말했다.

"엄마, 엄마는 '갓생'을 사는 것 같아. 그래서 진짜 멋있어!"

2025년 4월 오수아